芳賀沼製作と建てる家

構成・文　ポット出版＋芳賀沼製作

はじめに

芳賀沼製作は創業以来、木の家をつくり続けてきた。これからも、今までのノウハウや経験を元に、よりシンプルで、自然に受け入れられる「あたり前の家」を提供していこうと考えている。

芳賀沼製作の考える「ふつうの家」の特徴はみっつ。

ひとつ目は、木の素材を最大限に活かした無駄のない家。ふたつ目は、使い勝手がよく、長く住み続けられるシンプルなつくりの家。そしてみっつ目は、製材・施工・設計が一体となった質の高い家。

家は人生最大の買い物だ。俗に「家づくりは3軒建てて初めて納得できるものができる」と言われるが、本書はその3軒分の家づくりをしなくても、納得できる家を買っていただけるよう、少しでも参考となる本としたい。

本書に収録した、芳賀沼製作が実際に建ててきた家を見て、これらの特徴を実感していただき、そして、「ふつうの家」づくりを目指す芳賀沼製作という会社のことも知ってもらえたらうれしい。

また家づくりに関わる方々に、「こうした家づくりもあるのだ」ということを知ってもらえたら幸いである。

はじめに……003

芳賀沼の家……007

芳賀沼製作の家、3つの工法……011

在来工法

東京都大田区・I邸……012
茨城県つくば市・A邸……024
東京都江東区・N邸……026
福島県郡山市・T邸……028
東京都大田区・S邸……030
神奈川県横浜市・宮坂鍼灸整骨院……032
茨城県石岡市・T邸……033

P&B工法

茨城県ひたちなか市・M邸……034
福島県耶麻郡・W邸……042

丸太組工法

埼玉県大里郡・Y邸……044
茨城県つくば市・O邸……054

column 01 家具をつくる……056

山から
製材工場へ……059

column 02　自然木を活かす……070

一軒の家を
建てる……073

column 03　間取りのコツ……098

はりゅうウッド村に
住む……099

住民が語る、はりゅうウッド村の魅力
人と人とのつながりを生む場所……106

芳賀沼製作を
語る……113

芳賀沼伸インタビュー
お客さんにとって、
「自分たちの家」とは何か?……116

会社紹介……124

芳賀沼の家

南会津に、芳賀沼製作という工務店がある。
1980年代に力強い丸太のログハウスで名前が知られるようになった工務店だが、
現在は、木の肌触りを活かしながらも、芳賀沼製作が考える「ふつうの家」に重点を移している。
この章では元々製材業からスタートした木材のプロがたどり着いた「ふつうの家」を、
在来工法、P&B工法、丸太組工法の3つの工法とともに紹介していく。

芳賀沼製作の家、3つの工法

01 木の軸で建物を支える 在来工法 [▶P012]

在来工法とは、「在来軸組工法」や「木造軸組工法」とも呼ばれる、柱や梁などの木の軸で建物を支える工法のこと。鉄筋コンクリートの基礎に木製の土台をアンカーボルトで固定し、その上に構造を組み立て、壁部分は筋交いで補強する。増築などにも融通が利きやすいのがメリット。芳賀沼製作では大黒柱のように家の中に数本の太い木を象徴的に使ったり、天井の梁が美しく見えるように気を使っている。

02 柱と梁に丸太を使う P&B工法 [▶P034]

P&B工法とはポスト（柱）とビーム（梁）に丸太を使った工法で、その他の部分は在来工法に近い。在来工法よりも太い木材を使うことでログハウスの雰囲気を持ちながらも、壁面に開口部を大きくとることができたり、沈み込みの心配がないという利点がある。外部の列柱は芳賀沼スタイルのひとつである。

03 芳賀沼の原点のログハウス 丸太組工法 [▶P044]

芳賀沼製作が伝統的につくり続けてきた「ログハウス」。丸太や角材を水平に積み重ねていって壁にしていく。ログ材は断熱性だけでなく、保温性もある。建築後数年間は木材の乾燥と建物の自重により「セトリング」と呼ばれる沈み込みが起こるため、窓や階段などは予め余裕をとっておく必要がある。

01
在来工法
東京都大田区・I邸

中庭から風や光を採り入れた 2世帯住宅ができた

外壁はメンテナンスしやすく、防火性能があるガルバリウム鋼板を使用。玄関は格子状の扉を使い、家の中央にある中庭まで風が通るようにした。

東京都・大田区にあるI邸は、夫の両親との2世帯住宅。1階は山梨に住む両親のセカンドハウスとして使い、夫、妻、そして前年に生まれたばかりの娘の3人は2階とロフトを生活の場としている。
妻が東北大学大学院で建築を学んだ際に、芳賀沼製作から独立したデザイン事務所・はりゅうウッドスタジオの建築士・芳賀沼整と知り合ったのがきっかけで、建築の依頼があった。
自身も一級建築士の妻は、事前にイメージスケッチや構想図面を描き、いくつかのハウスメーカーに持ち込んだが、一番意図が伝わり、細かいやり取りができそうだったのも芳賀沼製作に決めた理由のひとつだったという。
設計の際は、どの部屋に行くにも必ずリビングを通る動線にしたほか、対面キッチン、リビングの一角の仕事机など、普通に生活するだけで、家族が顔を合わせるような仕掛けをした。
また、隣の土地との感覚が狭い中で1階、2階ともに北側の部屋まで陽の光が入るように、家の南側に中庭をつくっている。

左：広い対面キッチンは、「リビングとの会話ができるように」という妻の希望。
冷蔵庫の横には食材などのストックスペースを設置した。
右：仕事もリビングで。階段の下にパソコンデスクを設置した。

駐車スペースの奥の格子状の引き戸の先に、2世帯に分かれた玄関がある。さらにもう1枚引き戸を開けた先は中庭で、表からの風が通るようになっている。

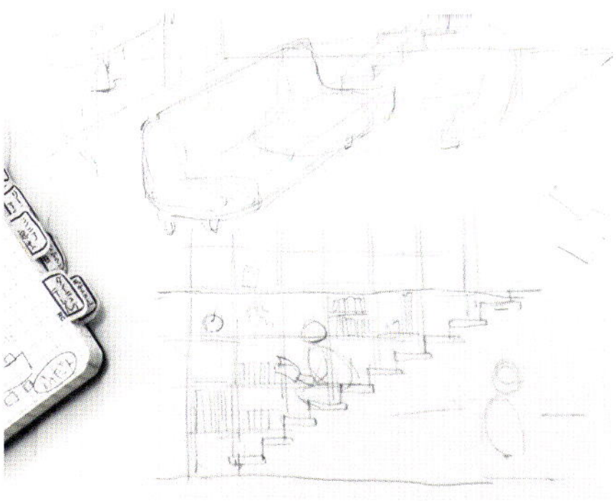

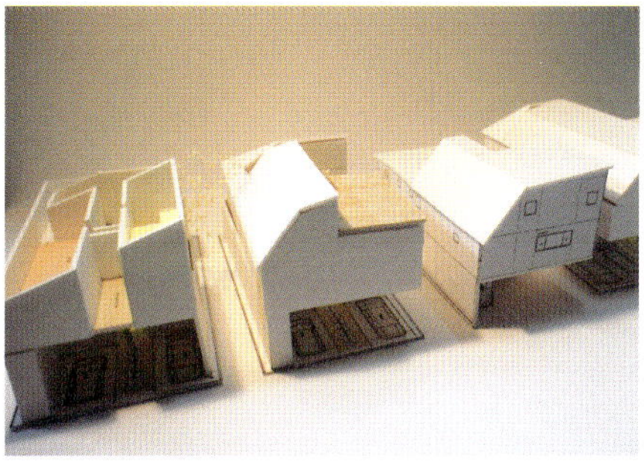

左：家族の中心となるリビングと食卓。ソファでくつろいでいるとき、仕事をするとき、食事をするとき、ロフトに上がってゴロゴロするとき。常に家族の気配を感じられる開放感がある。
上：本やCDを収納する棚とリビング階段の組み合わせは、構想段階から妻がノートに書き留めていたものを実現させた。
下：設計の段階ではプランごとに立体的なモデルを作成し、具体的なイメージを共有していった。

廊下の上のロフト部分にも開口部を設けたことで、将来廊下に面したスペースを個室に区切っても、日光を採り入れることができる。また、屋根と壁はゆるやかに曲面でつながり、一体となっている。

リビングから階段でつながる約8畳のロフト。ベランダと同じ高さにあり、基本的にはくつろぎのスペース。天井には木のバーを設置し、雨の日には洗濯物を干すこともできる。下のリビングや食卓まで陽の光が届くように、床面の一部をスノコ状にした。

箱を組み合わせた形状の階段は、風呂・トイレ回りの収納も兼ねる。一番下の2段は必要に応じて出し入れでき、風呂あがりに腰掛けてビールを飲むことも。

メーカーの都合に縛られず、自分たちの家を建てられた

この家には2012年の1月3日から住み始めました。ここは元々私（夫）の両親が住む実家だったのですが、両親が山梨に引越すことになったので、1階が親世代、2階が私たち世代の2世帯住宅に建て替えをしました。両親はいま主に山梨で暮らしていますが、ときどき東京にも出てくるので、そのときは1階を使っています。

新しい家をつくるにあたって、芳賀沼製作以外にもいくつかのハウスメーカーを訪ね、実際に図面を描いて見積りを出してもらったのですが、芳賀沼製作は設計の自由度が圧倒的に高かったです。ハウスメーカーでは工法が決まっていたり、最初に決めた設計を途中で変えるのが難しかったりするのですが、芳賀沼製作ではその都度、とても柔軟に対応してもらえました。

コストダウンについても芳賀沼さんに積極的に協力してもらえました。たとえば、トイレや洗面所の設備は私たちがインターネットで買ったものを使ってもらったり。普通は手間も増えるし嫌がることだと思うのですが、お陰でハウスメーカーに頼むよりも3割ほど低いコストで建てることができました。

実際に住んでみても、住む前に想像していたものより快適でした。無垢材の床はホコリが立たないので、気持ちよく過ごせます。以前住んでいたマンションはすぐにホコリが溜まってしょっちゅう掃除をしていたので、家が大きくなるので掃除が大変かなと思ったんですけど、全然汚れが目立たないですね。足裏の感触も気持ちいいです。

家は建てた後も長く付き合いが続くものなので、信頼できる方々がいるのはとても重要なことです。その点、芳賀沼製作や設計のはりゅうウッドスタジオの方は、大手メーカーのように契約前後で担当者が変わったりすることもなく、なんでも相談に乗ってくれるので、これから先、私たちのライフスタイルが変わったときも安心しています。

（談：Iさん夫妻）

外からは見えないが、敷地の南側に大きく中庭をとり、住宅が密集する中でも1階の採光を確保。

2階のリビングと同じ高さにあるデッキには小さなテーブルを置き、天気がいい日には食事やお茶を楽しめる。外の風を感じながらのんびり過ごす時間は、家族の愛を感じられるひとときだ。

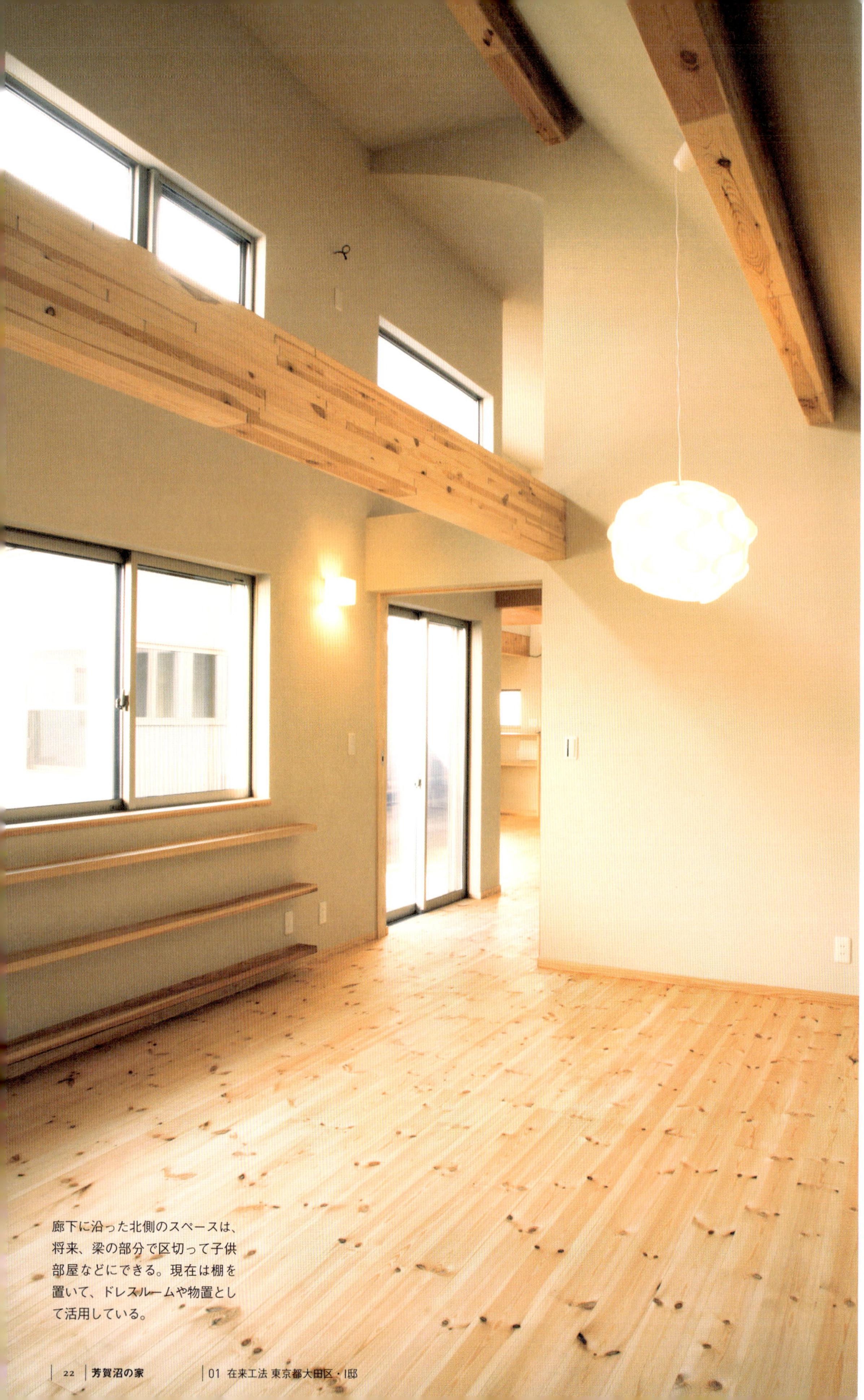

廊下に沿った北側のスペースは、将来、梁の部分で区切って子供部屋などにできる。現在は棚を置いて、ドレスルームや物置として活用している。

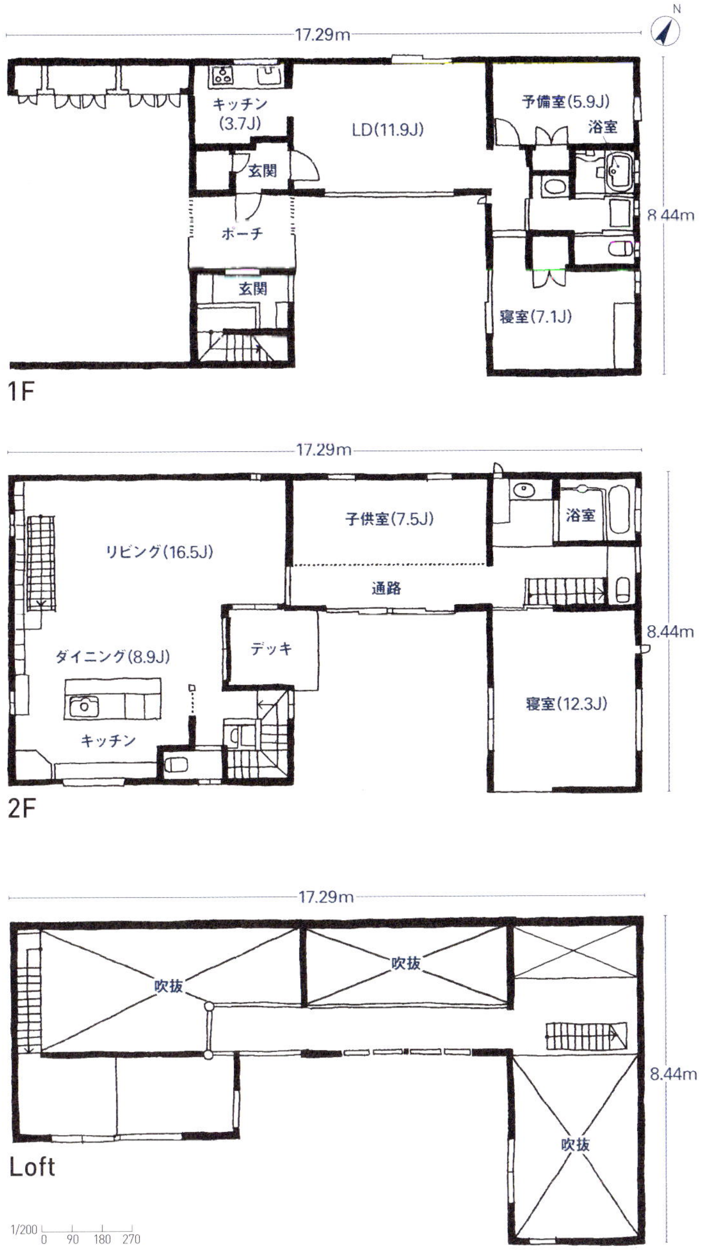

所在｜東京都大田区

家族構成｜1階 親夫婦／2階 夫婦、娘

構造｜在来軸組工法

規模｜地上2階

敷地面積｜172.88㎡

建築面積｜117.24㎡

延べ床面積｜230.21㎡

設計｜はりゅうウッドスタジオ

完成｜2011年12月

標準工事費｜4,500万円

物件によって異なる地域・条件などで金額が変わってくるため、あくまで目安となるものです

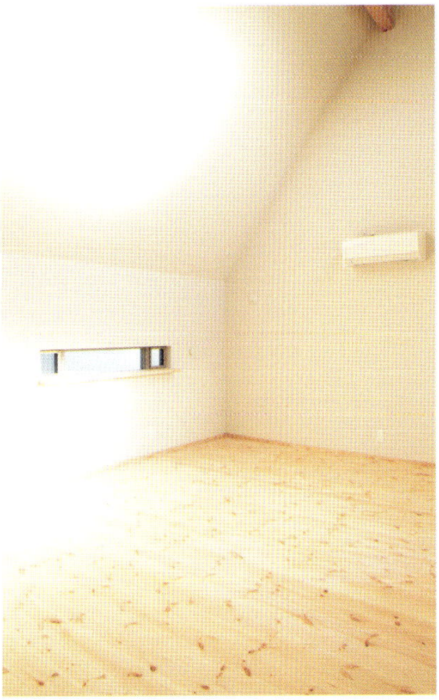

道路から一番遠い場所に位置する寝室の天井は、高いところで約5mあり、面積以上の広がりを感じさせる。
中庭に面した窓からは、リビングの様子をうかがうこともできる。

01 在来工法 茨城県つくば市・A邸

2世帯にも賃貸にもなる家

A邸は非常にスタンダードな長方形の家で、6本の通し柱で構造的な強度を確保しつつ、ローコストに抑えた。現在は夫婦と成人した娘が2世帯住宅的に暮らしているが、将来は1階部分を賃貸にできるよう設計した。

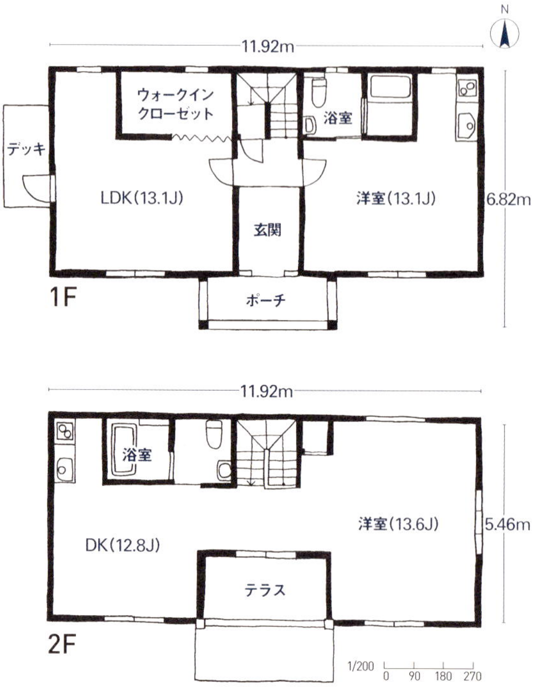

家族構成｜夫婦、娘
構造｜在来軸組工法
規模｜地上2階
敷地面積｜219.14㎡
建築面積｜70.05㎡
延べ床面積｜124.52㎡
設計｜芳賀沼製作
完成｜2011年3月
標準工事費｜2,100万円
物件によって異なる地域・条件などで金額が変わってくるため、あくまで目安となるものです

左：側面はメンテナンスのしやすいガルバリウム鋼鈑を使用。庭へ出るデッキは、1階部分を賃貸住宅として使用する際には、入口になる。
右：180mm角の6本の通し柱で支えるA邸の構造は非常にシンプルで耐震性も高い。

左：2階東側の部屋は書斎として使用。床は無垢のパイン材。壁は調湿性に優れた珪藻土を使っている。
右：オーナーの趣味である自転車は、盗難防止のため玄関に吊るせるよう、芳賀沼製作で器具を作成。たたきに横たわる大きな会津産赤松は座って作業をするのにも丁度良い。

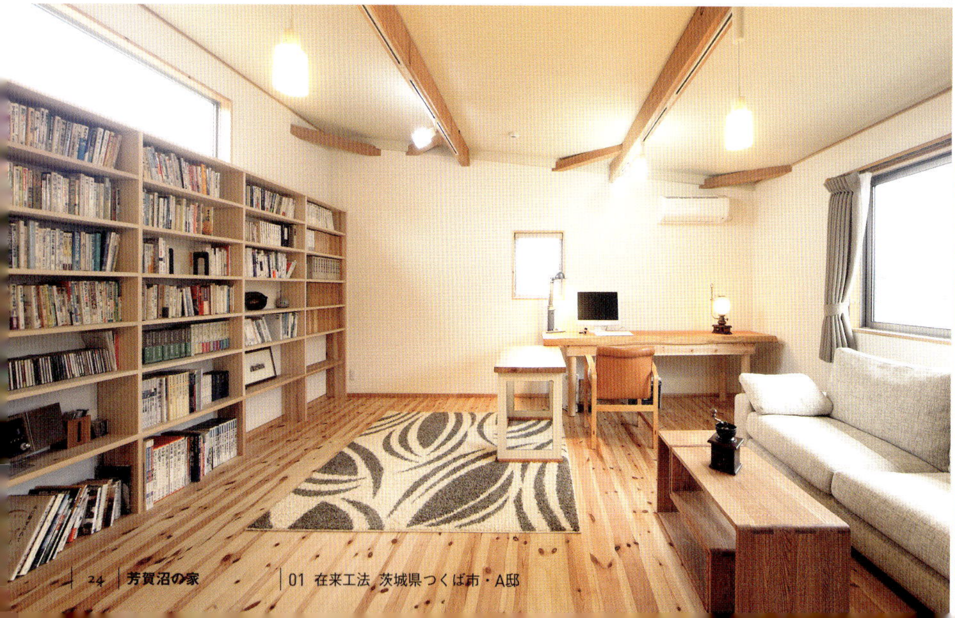

左上：2階のテラスはコの字型にした建物の内部に取り込んだ。防雪ネットを開閉することで、周辺からのプライバシーを保ちながら、開放感も味わえる。
左下：1階の洋室。キッチン、風呂、トイレを設置し、1部屋で生活が完結するように設計している。
上：1階と2階の居住空間を区切り、音や空気も調整できるようにするために、階段部には建具を設けた。1階と2階の間のプライバシーも確保している。

01 在来工法 東京都江東区・N邸

木箱のような終の棲家

都内の18坪の土地に建つN邸は、母と息子の2人暮らしの家。元々住んでいた家が老朽化したため、同じ土地に新しく建て直したものだ。限られた土地を有効に使うため、シンプルで無駄のない形の2階建てにした。

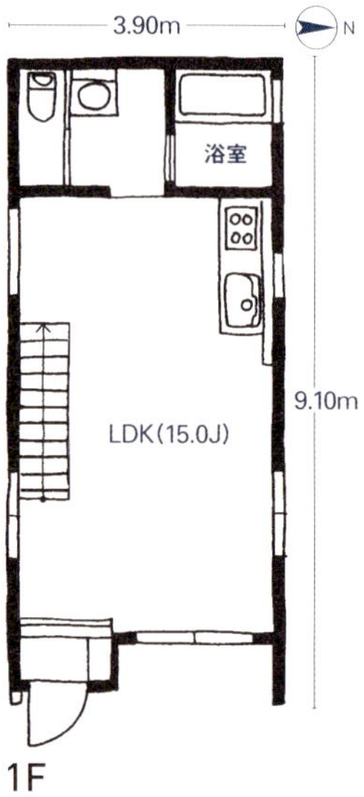

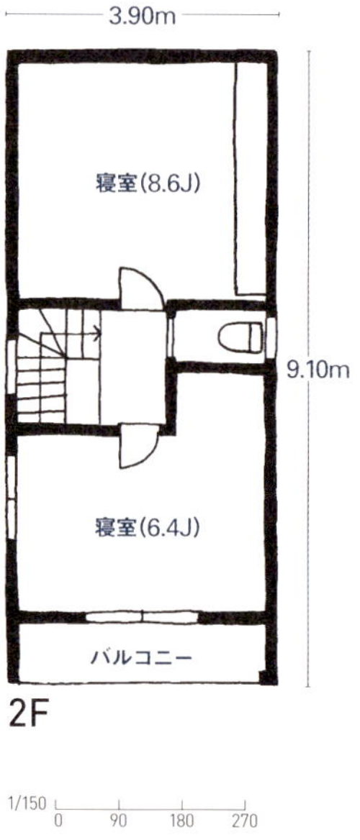

家族構成｜母、息子
構造｜在来軸組工法
規模｜地上2階
敷地面積｜58.40㎡
建築面積｜35.02㎡
延べ床面積｜64.50㎡
設計協力｜はりゅうウッドスタジオ
完成｜2010年7月
標準工事費｜1,600万円
物件によって異なる地域・条件などで金額が変わってくるため、あくまで目安となるものです

1階はリビング・ダイニングでひとつの空間に。基本的な生活はすべて1階で完結するように集約されている。

左：バルコニーに面した2階の部屋には、つくり付けのベンチを設置。同時に階段の上の天井高を確保した。
右：キッチンは芳賀沼製作が手がけた木製のもの。上部の棚もつくり付けのものだ。

正面は杉の木の風合いを見せるデザイン。側面はメンテナンスの手間がかからないガルバリウム鋼鈑を使用。建物の強度を高めるため、8本の通し柱が入っている。

ゆったりとした階段下部の踊り場は、腰掛けてベンチとしても使うことができる。木造のため、将来的には取り壊し、エレベーターにすることも可能だ。

01 在来工法 福島県郡山市・T邸

子供とともに成長する家

夫婦と娘2人、息子1人の5人家族。成長期の子供3人が育っていく家のため、あまり部屋を区切らずに大きな空間をつくり、住みながら改築をしていく前提で設計を行なっている。

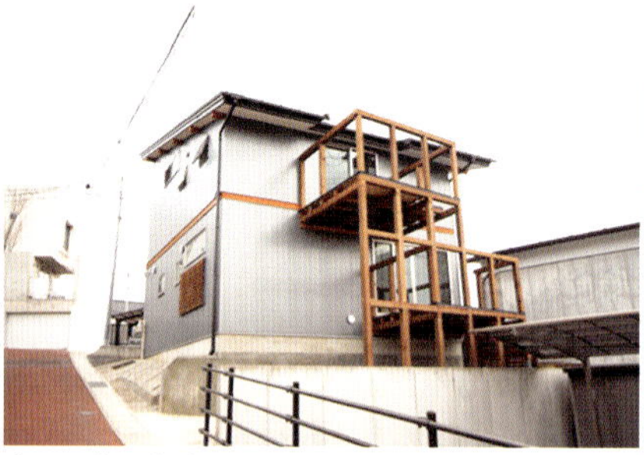

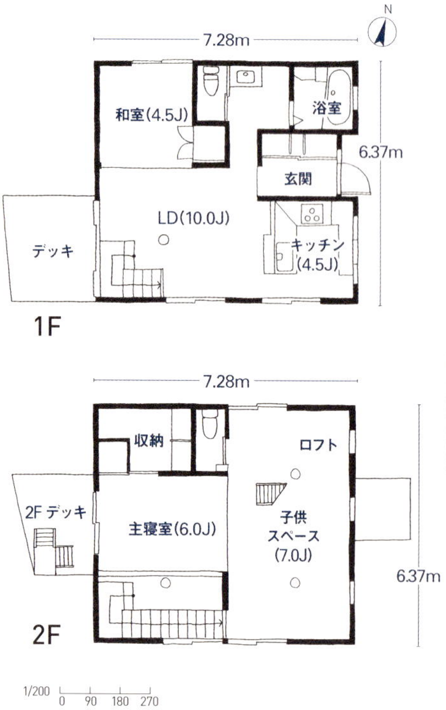

家族構成｜夫婦、子供3人
構造｜在来軸組工法
規模｜地上2階
敷地面積｜167.31㎡
建築面積｜57.02㎡
延べ床面積｜89.55㎡
設計協力｜はりゅう
ウッドスタジオ
完成｜2009年12月
標準工事費｜2,300万円
物件によって異なる地域・条件などで金額が変わってくるため、あくまで目安となるものです

左上：家の裏手には、駐車スペースも兼ねた庭を配置。キッチンから庭の様子が見えるため、外で遊ぶ子供の様子もうかがえる。
左下：傾斜地にあるため、基礎づくりに費用がかかったが、展望の良さが魅力。デッキは1階部分と2階部分を行き来できるようにし、移動するだけで楽しさがある。
右：7.3m×6.4mのコンパクトなサイズのため、あまり部屋を区切らずに大きな空間をつくり、住みながら改築をしていく家とした。

左：リビングには、南会津の赤松を使った大黒柱を配置。子供の成長も、大黒柱に記録できる。
右上：玄関扉のすぐ横のキッチンは対面式で、リビングとひとつの空間としてつながっている。
右下：2階すべての面に開口部を設置。光と風を室内に採り込む。

左・右下：ロフトの下の子供スペースの様子。東日本大震災後、放射能を遮るため、レントゲン室をつくるときに使う無鉛石膏ボードで囲った。
右上：建築直後の2階は太い柱とロフトがあるのみ。現在はロフトの下を区切って、子供部屋としている。

01 在来工法 [リフォーム] 東京都大田区・S邸

父から引き継がれた家

東京都・S邸は夫婦2人暮らし。元々は設計士だったご主人のお父さんが建てた家で、両親が亡くなり空家となっていたものを改築した。部屋数が多かったのをシンプルに再構成し、南側の光を採り入れる家に。また、改築前の家の構造を残しながら、筋交いや梁を入れ直すなど、耐震性の強化も行なった。

家族構成｜夫婦
構造｜在来軸組工法
規模｜地上2階
敷地面積｜188.66㎡
建築面積｜90.02㎡
延べ床面積｜162.83㎡
設計｜はりゅうウッドスタジオ
完成｜2010年12月
標準工事費｜2,440万円
物件によって異なる地域・条件などで金額が変わってくるため、あくまで目安となるものです

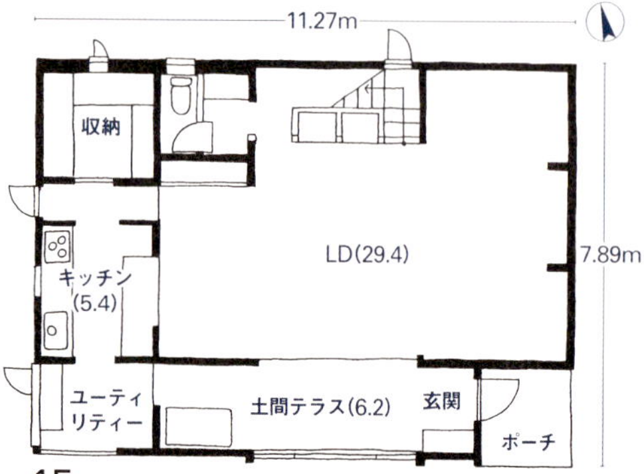

1F

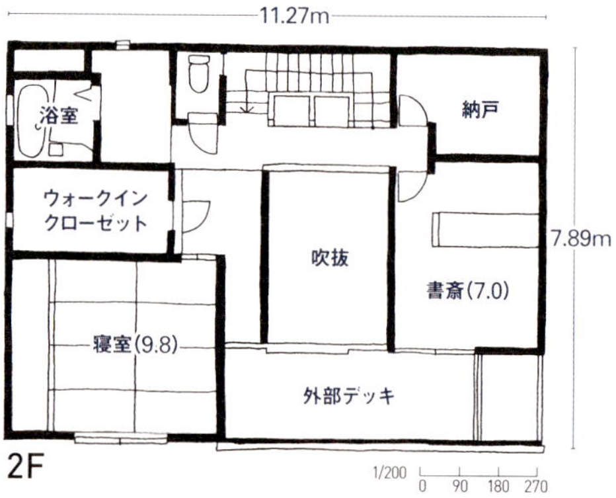

2F

上：2階のキャットウォークから南側の開口部を臨む。庭に面した部分は床に大理石のパネルを使用し、土間的に利用できるようにしている。
下：2階の部屋同士をつなぐキャットウォークは、床面に透明のパネルを使用し、天井から採り入れた光が室内まで届くようにした。

吹き抜けの下のリビングは、床に欧州赤松の無垢材を使用し、木の肌触りを感じさせる。剥き出しの鉄骨は、設計士だったSさんのお父さんが増築の際に残したものを引き継いだものだ。

左：南側には大きな開口部を設けた。家のシンボルである庭の木の姿を見ることができる。
右：階段横にある格子状の収納は、仏壇や本棚として利用。北側の天井や壁にも開口部をつくり、常に室内に光を採り込むようにしている。

改築中のリビング。元々暖炉だったレンガ組や鉄骨の梁を残しつつ、筋交いなどを新しく入れ直していった。

01 在来工法 [リフォーム] 神奈川県横浜市・宮坂鍼灸整骨院

マンションのワンフロアを ログハウスに

横浜市の宮坂鍼灸整骨院は2007年に開業した整骨院。当初マンションの2階で店舗を営業していたが、2011年に1階へ移動することになり、芳賀沼製作へ改築を依頼。内部の間切り壁に角ログ材を使用し、鉄筋コンクリート造のマンションの1階をログハウスの温かみを持つ接骨院にリフォームした。

構造｜在来軸組工法（リフォーム）
　　　一部、角ログ組工法
規模｜地上3階建ビル1階の1室
延べ床面積｜64.89㎡
設計｜はりゅうウッドスタジオ
完成｜2011年11月
標準工事費｜760万円
物件によって異なる地域・条件などで金額が変わってくるため、あくまで目安となるものです

正面の壁は建物に対して少し角度をつけ、植物を置くスペースを確保した。

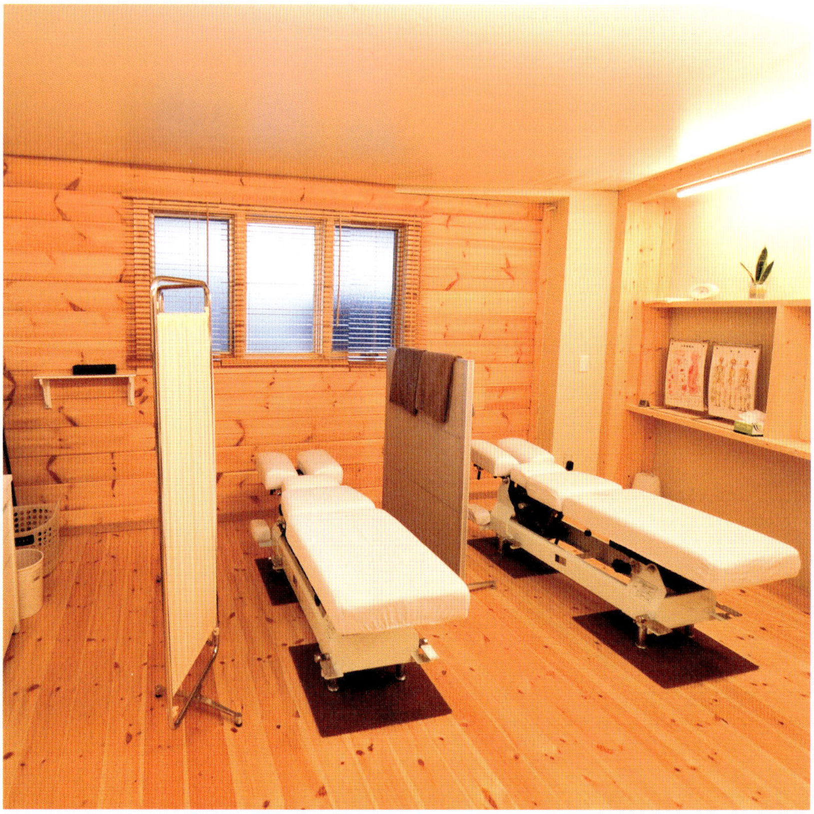

左上：入口から待合いスペースを見る。正面の壁に角度をつけたことで、室内には奥へ向かって広がりのある構造が生まれ、実際よりも広く落ち着いた印象を与える。
左下：改築前は木の匂いを感じさせない打ちっぱなし。角ログ材を使用し、全く新しく生まれ変わらせた。
右：施術をするためのベッド。木の香りがリラックス効果を増し、疲れた体を癒す。

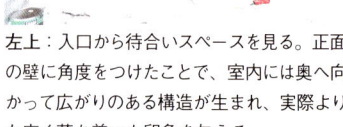

01 在来工法 [リフォーム] 茨城県石岡市・T邸

子世帯に引き継いだ店舗兼住宅

茨城にあるT邸は、1階で酒屋を営む店舗兼住宅の物件だ。小割りになっていた部屋の壁と柱を撤去し、家全体を大きなワンルームにした。外装は一切新しくせず、窓を断熱性の高いペアガラスへ交換し、内壁にも断熱材を入れるなど、限られた予算の中で一年を通して暮らしやすい家へとリフォームを行なった。

構造｜在来軸組工法（リフォーム）
規模｜地上2階
建築面積｜126.46㎡
延べ床面積｜18.33㎡
設計｜はりゅうウッドスタジオ
完成｜2006年6月
標準工事費｜1,800万円
物件によって異なる地域・条件などで金額が変わってくるため、あくまで目安となるものです

上：T邸の外観。正面は親の代から続く酒屋だ。
下：解体途中の様子。柱を撤去し、梁で補強することによって広々とした空間を確保。

左：階段とベンチが一体になったつくりのリビング。限られた空間の中でも、家族が集まることのできるスペースを大切にした。
右上：吹き抜け部分にはスノコを用い、2階の間接光が1階に落ちる。
右下：リビングからキッチン側を見た様子。自然木を採り入れたキッチンは芳賀沼製作がつくったものだ。

02
P&B工法
茨城県ひたちなか市・M邸

大きな三角屋根を支える
丸太柱の力強さが家の顔をつくる

夫の趣味は車。2台を駐車できるスペースは、母屋に合わせた木のつくりだ。玄関を駐車場に向け、短い距離で移動ができるように設計。車を降りてから家に入るまで、雨に濡れることもない。

茨城県ひたちなか市に住むMさん夫妻には、一人娘がいる。建築当時、小学校1年生だった娘を見守りながら、家族がひとつになって暮らすことのできる家。そんな依頼が持ち込まれた。
夫が娘との散歩中に偶然近所で建築中だった芳賀沼製作の家を見かけ、そのつくりを気に入ったのだという。
当初、妻は木の肌触りが出た丸太の家を希望していたが、夫はモダンな家を希望。ほかにも屋根のかたちから、内装のテイストまで、夫婦の間で好みが分かれることも多かったが、それぞれの希望をよく聞き、夫婦がつくりたい家の実現にこだわった。
夫の趣味である車を停めるペースを確保できる家という条件に合った土地も、芳賀沼製作で探してきたものだ。家の正面、1階の壁から2階のベランダの手すりまで連続した格子状の木材は、木を使いながらもモダンな雰囲気にまとめ、丸太の印象を大人しいものにしている。

左：玄関とリビングの仕切る引き戸は、半透明のツインポリカーボネートを使用し、室内に入る光を遮らない。ガラスではないため軽量で、子供がぶつかったときにも安心できる素材だ。外に面した壁はスノコ状の柵で目隠しをしたガラスを使い、光を採り入れるようにしている。
右：玄関を入るとすぐに中央の吹き抜けリビング。天井まで伸びる大黒柱は、夫妻が福島の本社工場を訪ねて、自ら選んだ杉の木を使った。

吹き抜けは、妻の希望。2階の床から屋根の全面を使った大きな窓から入る日差しがリビングを照らす。

吹き抜けの周りの廊下をぐるりと進んだ突き当りが夫婦の寝室。音の反響を考えて小ぶりにつくった窓からは、リビングや子供部屋の様子をうかがうことができる。

自分で選んだ丸太柱の家

以前はひたちなか市内のアパートに住んでいましたが、娘が小学校に上がるタイミングに合わせて新築・引越しを考えていました。最初は大手メーカーのウェブサイトを見たり、モデルハウスを訪ねたりしたのですが、パネルの規格に合わせたサイズでしか部屋を仕切れないと言われたり、自由度の低さにがっかりして、しばらく頓挫してしまったのです。そんなとき、たまたま近所を散歩していて見かけた家に惹かれ、現場を訪ねてみたら、その家を建てていたのが芳賀沼製作でした。

実際に家を建てることを考えるよりも何年も前に、ちょっとしたあこがれのような気持ちで読んでいたログハウス雑誌の中で「芳賀沼製作」という名前は知っていましたが、そのときは、丸太で組み上げたもののイメージが強かったので、自分で住む家としてはちょっと違うかな、と考えていました。ところが近所で見かけた家は、木の柱を使いつつ、ガラスを外壁に取り入れたりして、とても明るい洗練されたものだったので、これなら自分が思うような家をつくってもらえるかもしれないと思い、芳賀沼製作に依頼したのです。

芳賀沼製作の専務（芳賀沼伸）は土地探しの段階からいろいろと相談に乗ってくれました。家づくりに関しても、工法的に難しい場合を除いて、私たち夫婦それぞれの意見をたくさん取り入れてくれたため、その点はとても満足しています。最終的に軒先の深い大屋根を採用しましたが、私が片流れの屋根、家内が大屋根がいいと言ったときに、「こういうかたちもありますよ」と違う屋根を提案してくれたり、とても頼もしい相談相手でした。

家を囲む大きな丸太柱と室内の大黒柱は、会津にある芳賀沼製作の工場まで行って、直接選んできたものです。その分、ただの木材ではなく、愛着も湧きやすい。ちょうど寒い時期だったので、設計の打ち合わせや木材を選び終わった後は、芳賀沼製作が持っているペンションに泊まり、スキーを楽しむこともできました。（談：Mさん）

2階部分は吹き抜けを囲むサークル状の動線の上に、書斎とフリースペース、寝室がある。フリースペースは現在娘の部屋として使われているが、将来部屋として区切れるように天井に梁を通しているので、成長に合わせて柔軟に対応できる。

「家のどこにいても、家族の気配が感じられるように」という妻の希望で、見通しの良さを確保するため、対面キッチンの上部に吊り棚はない。2階の手すりも柵状にしたため、キッチンに立ちながらでも、子供部屋の様子がうかがえる。

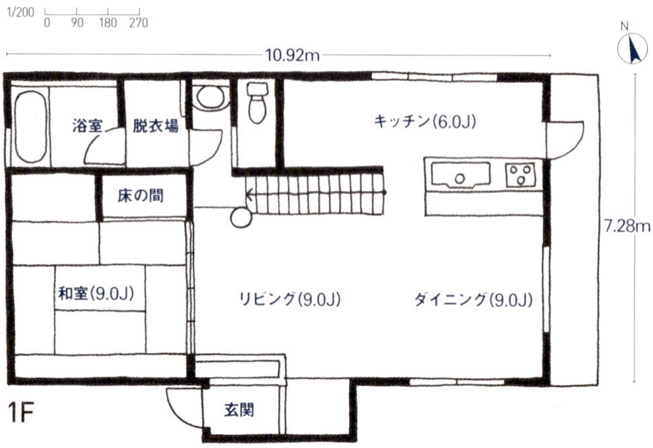

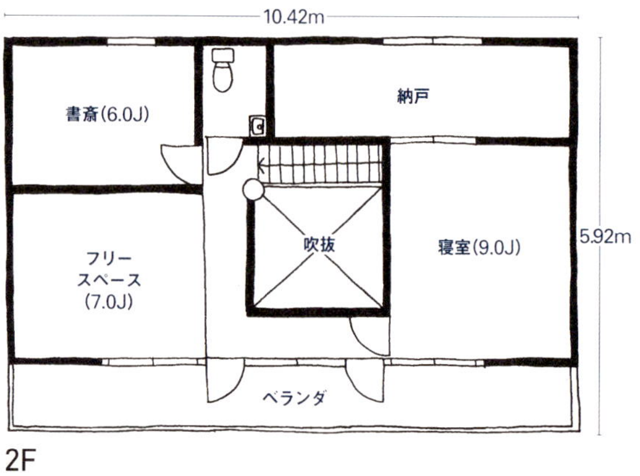

所在｜茨城県ひたちなか市
家族構成｜夫婦、娘
構造｜ポスト＆ビーム工法
規模｜地上2階
敷地面積｜211.64㎡
建築面積｜67.93㎡
延べ床面積｜126.31㎡
設計｜芳賀沼製作（加藤淳）
完成｜2004年7月
標準工事費｜2,770万円

物件によって異なる地域・条件などで金額が変わってくるため、あくまで目安となるものです

左：1階奥の和室は、実家のご両親が訪れたときなど、主に客用の寝室として使われている。床の間のある本格的なつくりで、天井の市松張りは、芳賀沼製作の得意とするところだ。
右：浴室も木材をつかった壁で、自然の香りを楽しむことができる。床は「ユニットバスのツルツルした感触が苦手」という夫の希望で、十和田石のつくりに。滑ることがなく、足触りも心地よい。

家を囲む列柱は夫の希望。大きな庇は、夏は日傘になるよう、冬は日が奥まで入るように計算し、227.5cmとした。

02 P&B工法 福島県耶麻郡・W邸

仲間が集うワンルームの家

猪苗代湖からほど近い場所にあるW邸は、複数の家族が別荘として使うことを考え設計されている。大人数が集まったときに不自由なく使えるよう、広々としたワンルーム空間が最重要ポイントだ。

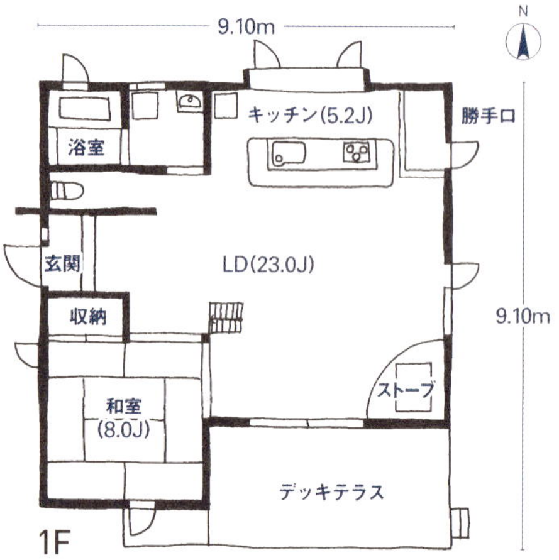

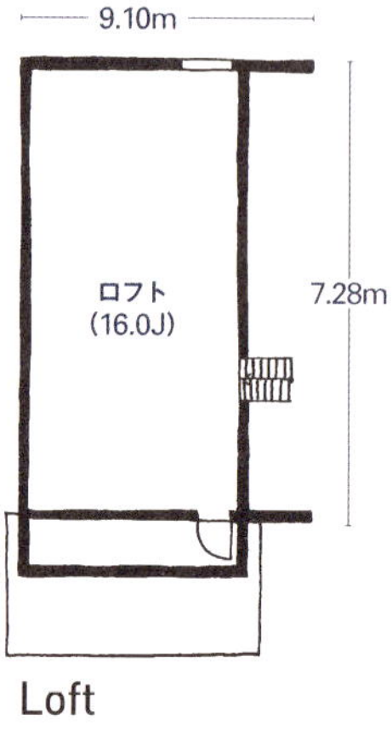

1/200 0 90 180 270

構造｜ポスト&ビーム工法
規模｜地上2階
敷地面積｜165.30㎡
建築面積｜86.11㎡
延べ床面積｜99.36㎡
設計｜芳賀沼製作
完成｜2010年11月
標準工事費｜1,400万円
物件によって異なる地域・条件などで金額が変わってくるため、あくまで目安となるものです

左上：1階リビングの隅の和室も、引き戸を開放することでひと続きの空間に。必要な場合は区切って利用することもできる。
右・左下：外観の列柱は芳賀沼製作のスタイル。屋根には薪ストーブの煙を出すチムニー（煙突）がワンポイントに。周囲の自然を見て楽しむことのできるベランダは、幅を広くとり、庭と一体になるように設計した。

左：ロフトは主に寝室として使用。仕切りがなく、十分なスペースを確保しているため、人数が増えても対応できる。
右：複数の家族が集まって食事などを楽しめるように、極力仕切りのない一室空間に。ロフトへの移動も階段でなく、ハシゴにすることで、リビングスペースを確保した。

左：大人数で集まって食事をすることを考え、広めの対面キッチンを製作。キッチンの裏手の窓からは磐梯山の景観を楽しむこともできる。
右：団欒の中心になるのは、ヨツールの薪ストーブ（F400）。温かい光が和やかな雰囲気を演出する。

03

丸太組工法

埼玉県大里郡・Y 邸

高台にある大屋根のログハウス

妻の趣味の園芸のため、北側の庭は建て替え前よりも広くとった。三角の大屋根と合わせて、庭の下にある国道を通る人の目を楽しませている。

埼玉県の北西部に住むYさん夫妻のログハウスは、国道沿いの高台という目立つ場所にある。25年間住んでいた家が古くなってきたため、同じ土地での建て替えを検討。電気工事を生業とする夫が芳賀沼製作の電気工事を担当したことをきっかけに、「この土地にあった立派な家を」と芳賀沼製作に依頼した。高行さんが長瀞で漆喰と丸太でできた家を見かけて以来、いつか住んでみたいと考えていたログハウスを実現させた。

高台からの眺望をさらに楽しむための2階建てと、それを覆う大きな三角屋根の姿は、Yさん夫妻はもちろん、道行く人びとの目も楽しませている。
妻の趣味であるガーデニングのための広い庭と玄関をつなぐ土間にはテーブルを置き、コーヒーも淹れられるミニキッチンも設置した。ここでは妻と友人たちが靴を履いたままテーブルを囲み、話に花を咲かせているという。

左：南向きの玄関。ドアの取手には自然木を使用。敷地の入口から玄関、そしてエントランスの土間まではクォーツサイトの石畳が続く。日当たりのいい南のベランダは、物干し場。
右：Y邸ではマシンカットした直径24cmのベイマツを使用。

玄関には薪ストーブ。これ1台で、2階のリビングも含め、冬でも半袖で過ごせるくらい暖かくなる。
クラシックな雰囲気のライトは、夫が電気屋の腕を活かして中古品を改造してつくった。重厚なログの趣にもぴったりだ。

高台から見下ろす景観を楽しめるように、北側に思い切り開口部をつくった。大きな窓と中2階になっている踊り場からは、階段の昇り降りの途中に景色が見える。ログハウスの場合、丸太の収縮による壁の沈み込みがあるため、踊り場をつくるのが難しい。Y邸では階段と柱を壁から独立させることで実現させた。

左:北側に面した2階のリビングは大きく開かれており、男体山から谷川岳まで、ほぼ180度の景色を望むことができる。特に冬は絶景で、遠くに見える本庄や熊谷の夜景も美しい。
右:風呂場は1階の一番奥。2面の窓で開放感のあるつくりに。窓を開ければ自慢の庭を眺めることができる。ステンドグラスは花好きの妻の希望で設置した。

ログハウスでは軒の深さ90cm程度が一般的だが、Y邸では、軒下も部屋の延長として活用できるように、230cmの長さを確保。テーブルと椅子を置いても余裕があり、春は庭の桜も楽しめる。

ものづくりの楽しさを教えてもらった

25年住んできた家のいろいろなところが古くなってきたため、建て替えを考えていました。以前、長瀞で見かけた漆喰と丸太でできたログハウスが気に入っていたので、建て替えるときはログにしようと思っていたんです。ところが、いくつかのハウスメーカーを訪ねたり、実際のログハウスを見て回ったりしていたのですが、どれも丸太が剥き出しだったり、すきま風が入ってくるようなつくりだったので、「ここに頼もう」と決めることができませんでした。

そうこうしているうちに、私の仕事である電気工事の依頼を受けたのが、芳賀沼製作のログハウスだったのです。ともに仕事をする中で、芳賀沼製作では丸や四角に加工したログを使い、すきま風の入らないログハウスがつくれることや、確かな腕を持った職人さんがいることを知り、自分の家をお願いしようと考えました。実際に建ててみて後悔したことはひとつもないし、正解だったと思います。

とくに、職人さんがしっかりしているのがいいです。朝早くからしっかり働いてくれるし、普通の職人さんだと休憩も45分くらい取るから能率が上がらないけれど、芳賀沼製作の職人さんは15分休憩でスパッと切り替えるから仕事が捗る。

私たち夫婦はもうそれほど若くありませんから、最初は平屋建てにしようと思っていたのですが、芳賀沼製作の専務から「この土地なら絶対2階建てにして、景色を楽しめるようにしたほうがいい」と言われ、2階建てにしました。階段は傾斜のゆるい、幅の広いものをつくってくれたので、昇り降りも楽ですね。

ログの家はやはりめずらしいので、遊びに来た人はとても喜んでくれるし、ほとんどの人が「庭で花見がしたい!」と言ってくれます。近所を通りがかった人が「ログハウスに興味があるので見せてください」と訪ねてくることもありますし、一度はパトカーに乗った警察官が見に来たこともあるんですよ(笑)。

ログハウスは丸太が水分を放出することから「セ

西側を通る国道から、Y邸を望む。

トリング」と言われる壁の沈みが起こるため、建築後約2年はボルトを締め直すメンテナンスが必要です。芳賀沼製作は定期メンテナンスも丁寧にしてくれますし、安心して任せています。

いまは趣味の工作の一環で、家の周りの柵や、ピザ窯を自分でつくっています。やはり自分でできるところは自分でやりたい。そういったものづくりの楽しさも、芳賀沼さんに教えてもらいました。これからも少しずつ手を加えていって、より愛着のある家にしていこうと考えています。(談：Yさん夫妻)

1階の土間は、門から続く石畳敷き。ガーデニング好きな妻の庭仕事の合間や、近所の人が遊びに来たときなど、簡単にくつろげるようにテーブルと椅子を配置した。妻のアイデアでミニキッチンもつけられ、靴を履いたままコーヒーも淹れられる。

所在｜埼玉県大里郡
家族構成｜夫婦
構造｜丸太組工法
規模｜地上2階
敷地面積｜150.06㎡
建築面積｜77.63㎡
延べ床面積｜140.50㎡
設計｜芳賀沼製作
完成｜2011年8月
標準工事費｜2,700万円
（基礎・設備工事含まず）
物件によって異なる地域・条件などで
金額が変わってくるため、あくまで
目安となるものです

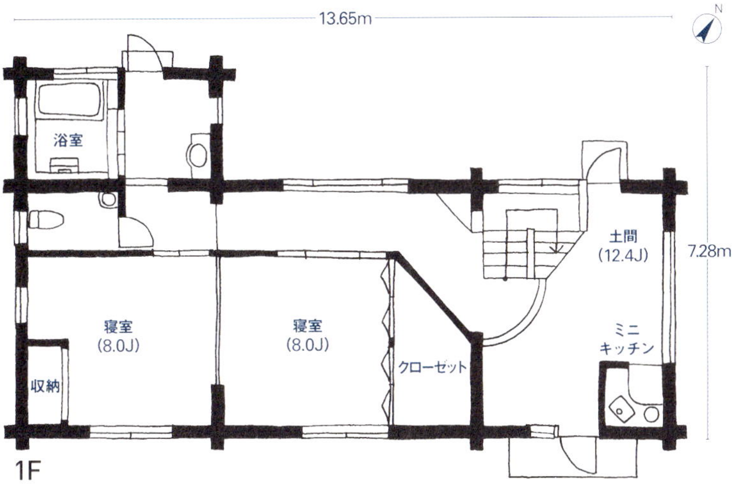

1F

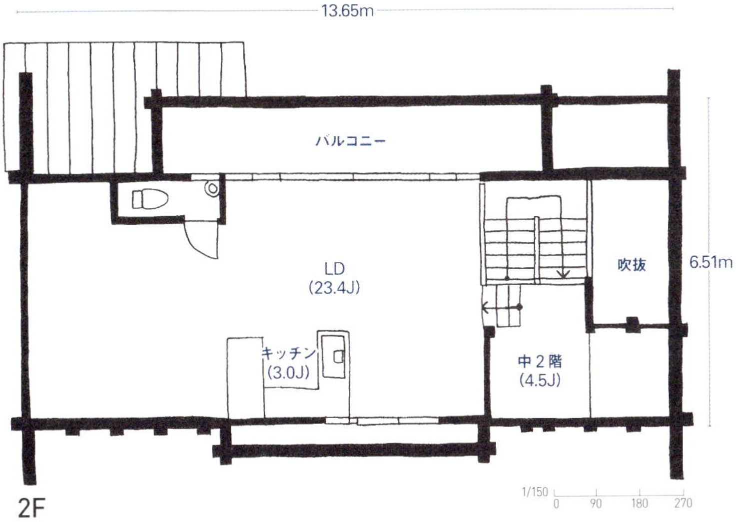

2F

03 丸太組（角ログ）工法 茨城県つくば市・O邸

遊び場のある家

Oさん宅は夫婦に小さな子供が3人の5人家族。将来部屋数が必要になることが予想されるため、あまり見られない完全な2階建てのログハウスに。在来工法よりも間取りの自由度は低くなるものの、徹底的なプランニングを行ない、在来工法に近い設計とした。

キッチンスペースの棚は造り付けで、芳賀沼製作のオリジナル。カウンターにはベイマツを使用した。

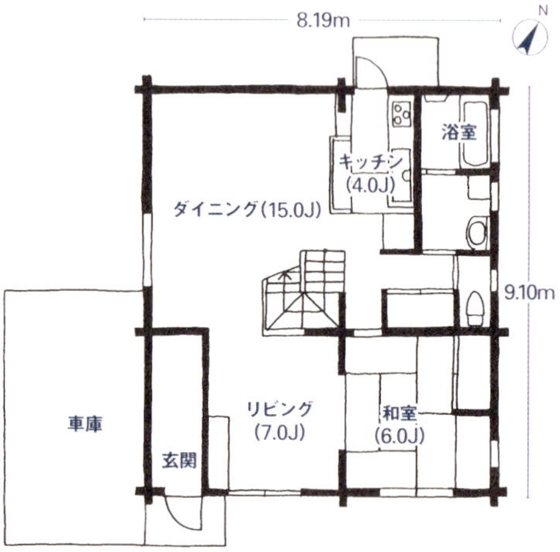

1F

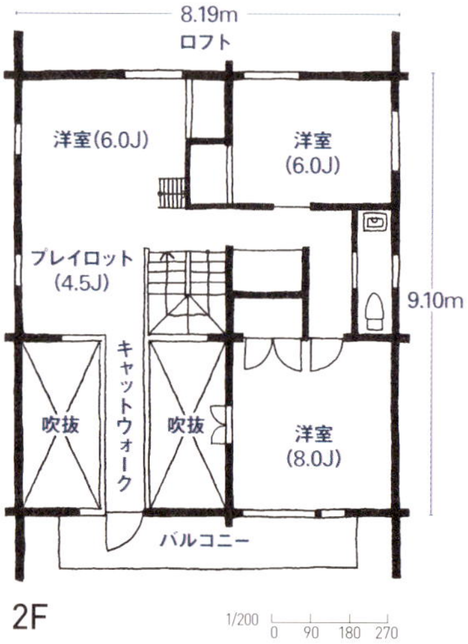

2F

家族構成｜夫婦、子供3人
構造｜Dログ・角ログ組工法
規模｜地上2階
敷地面積｜340.01㎡
建築面積｜90.27㎡
延べ床面積｜147.41㎡
設計｜芳賀沼製作
完成｜2010年6月
標準工事費｜2,750万円

物件によって異なる地域・条件などで金額が変わってくるため、あくまで目安となるものです

玄関は使い勝手を重視し、奥行きのある土間として設計。玄関の隅に薪ストーブを設置した（ヨツールF350）。

O邸では、割れを避けるためにラミネート（貼り合わせ）のDログと角ログ材を使用。室内の壁面を明るく見せるため、杉ではなくパイン材を採用した。カーポートは家と一体型で、雨でも濡れずに物の出し入れができる。

左上：2階のキャットウォークの左右にある吹き抜けは、将来床面を増設して部屋数を増やすこともできる。
左下：1階と2階の移動が楽しめるように、セトリングの関係でログハウスでは非常に難しい回り階段を設置。ガイシ配線とよばれる電気配線は施主が施工した。
右：2階には収納と子供の遊び場を兼ねたロフトも。ハシゴでの移動も楽しい。

家具をつくる

芳賀沼製作では、自然木を使った家具づくりも行なっている。
ダイニングテーブルなど、よく使い、よく触れる部分に手づくりの家具を使うことで、
使い込むほどに自然と家の中に馴染んでいく楽しみがある。

[収納]

01 福島県郡山市・S邸ではスギ材を使用した吊り棚を作成。床面を大きくとることで、部屋に入った際に広がりを感じさせている。

02 福島県郡山市・S邸のマツ材でつくった階段は下部を収納とし、リモコン類やインターホンなどを配置。階段1段分のスペースも活用している。

03 茨城県東海村・O邸のスギ材を利用した食器棚。食器棚を整えるとキッチン全体の雰囲気が変わる。

04 東京都大田区・I邸では壁面に大きな本棚を設置。無印良品の既成品を利用し、部屋の大きさに合わせて段数を増やすなど、変更を加えた。

01

02

03

04

[机・椅子]

01 茨城県石岡市・T邸ではリビングの階段とベンチが一体に。床と同じくパインの無垢材を使用した座面は、肌に暖かく、団欒のスペースをよりくつろげる空間にしている。背の低いテーブルも、芳賀沼で合板を加工してつくったものだ。

02 静岡県裾野市・Y邸のダイニングでは、ベイマツ材を使用したテーブルとパインの丸太を素材感を全面に出した椅子を設置。

03 茨城県ひたちなか市・H邸ではランバーコアを使用して仕事場のテーブルと壁の棚を作成。部屋の大きさに合わせたシンプルなデザインだ。

04 茨城県石岡市・T邸では和室に合わせ、テーブルとしても使える畳のベッドを作成。

05 茨城県ひたちなか市・H邸のリスニングルーム。アカマツの根の部分を加工したベンチ4脚を配置した。

キッチン

01 新潟県長岡市・K邸のキッチンは収納扉にスギの無垢材を使用。風合いを残して仕上げた。

02 茨城県ひたちなか市・M邸ではキッチンの天板にベイマツの無垢材を使用。吊り棚やダイニングテーブル、椅子、飾り柱などと合わせ、トータルで「木の家」としての空間を演出。

03 茨城県石岡市・T邸のキッチンでは天板にベイマツを使用。アクセントとしてコーナー部にはトチの木の小さな柱を配置した。

02

01

03

01

02

その他

01 福島県会津若松市・N邸では浴槽に香りがいいヒバを使用。壁面の無垢材と合わせて、入浴時のリラックス効果を高めている。

02 茨城県ひたちなか市・H邸の子供部屋には、スギの3寸5分角を使用したロフトを配置した。

03 福島県郡山市・T邸の洗面回りはベイマツのカウンター材とタイルを組み合わせて作成。理科実験用の流しも応用した。

03

【山から製材工場へ】

芳賀沼製作では、南会津の山での伐採から建築に使う木材の加工までをすべて自社で手がけている。
それぞれの家に合わせた細かい加工まで対応できるため、設計の際の自由度は広がる。
依頼者に本社工場まで足を運んでもらい、大黒柱に使う木などを直接選ぶこともできる。
作業を行なう熟練の大工の腕も確かだ。そして、木材の加工を行なった大工が、現場でも鋸を取り、
最後の最後まで責任を持って家づくりを手がける。

01

山で木を伐採する

芳賀沼製作の周りにある南会津の山の中に入り、伐採を行なう。木材の伐採には、幹の中の養分が抜けて乾燥している「寒伐り」が適している。切り倒した木材は、傷をつけないよう雪の上を滑らせて運搬する。

02

原木を加工する

伐採した木材は本社工場に運び込まれ、製材される。自社で持つ加工用の機械を使い、原木を角材や丸太など、荒く加工していく。

03

木を乾燥させる

伐採してきた木材を角材に落とし、約5日間、約90度の蒸気で蒸す。大量のスチームによって原木を蒸すことで、木のねじれを減少させる効果や、ヤニ抜きの効果がある。それから常温で約10日をかけてじっくりと乾燥させる。乾燥を終えた材は約5mmほど細くなって出てくる。木材は自然乾燥（下）だけでは収縮やねじれが大きいので、人工乾燥（上）が必要になる。

04
墨付けをする

図面を見ながら、木材を加工するための目印をつけていく作業を「墨付け」という。後のキザミ加工のための線以外にも、建築時に何番目の柱や梁になるかを「いろは……」「一二三……」で書いていく。

05

キザミ加工を入れる

墨付けをした木材をノミや金槌を使って加工していくことを「キザミ」という。工場には「カーン、カーン」と力強い音が響き渡る。

06 カンナをかける

カンナがけを行ない、木材の表面を滑らかにする工程。工場内に木の香りがただよう。触り心地を良くするだけでなく、中に水分を含むことを防ぐ役割もある。

07
バーナーで土台を焼く

「焼き加工」は土台となる木材の表面を焼くことで炭化させ、腐食から守る伝統工法。防虫効果もあり、シロアリ防止になる。バーナーで焼いた後は表面をブラシで磨いて、自然乾燥させる。

08

加工を終え、建築現場へ運ぶ

加工を終えた木材は、トラックに積み込まれて建築現場へ。現場で実際に組み上げながら、最後まで職人の手によって微調整がされる。

column 02

自然木を活かす

芳賀沼製作が家づくりの中で得意としているもののひとつが自然木の活用だ。
木の皮を剥いただけで、天然の曲がりや、でこぼこを活かすことができるのは、
伐採から加工までを手がける芳賀沼製作ならではである。

［ 芳賀沼でよく使う材種 ］

芳賀沼製作では、建物の中の用途に合わせて、さまざまな材種の自然木を使用している。ここでは、その中でも特によく使う7種類の木材を取り上げた。

01

杉 Sugi

用途：構造材・造作材・建具・家具・樽・桶・工芸品など
日本の杉だと屋久島杉、秋田杉、吉野杉などが有名。外国産材は太さがあるので丸太ログ材で使用されることが多い。

02

松 Matsu

用途：構造材・造作材・床材・鴨居・敷居・造作材など
日本の松といえば赤松やクロマツを指すが、外材では米松（ダグラスファー）、欧州赤松（レッドパイン）のことを指す。

03

檜葉 Hiba

用途：構造材・造作材・建具・家具・水回りなど
「アスナロ」とも呼ばれ、触り心地は柔らかいが、耐朽性が大きく、耐湿性にも優れているため、風呂の敷居などに使われることが多い。

04

栗 Kuri

用途：土台・構造材・装飾材・家具・水回りなど
耐久性が良く、土台に使われることが多い。キッチンや洗面所など水回りのフローリング材としても使用される。

05

檜 Hinoki

用途：高級建築材、造作材、和風建具、家具などの建築全般
仕上がると、平滑で光沢があり、独特の香りがする。檜の香りには気分を落ち着かせるアロマ効果もある。

06

橅 Buna

用途：家具、ベニヤ材、玩具など
重厚でありながら加工がしやすい材質。乾燥の際にまがりやすく、技術が必要。合板として使用されることも多い。

07

欅 Keyaki

用途：造作材、家具、框、床の間、大黒柱
和風の家に合わせて、テーブルなどに使う。無垢材として使う場合、芳賀沼製作では胡桃油やえごま油の植物性塗料で仕上げている。

シンボルツリー

01 福島県会津若松市・T邸では吹き抜けから渡り廊下、大屋根を支える大黒柱にヒバを使用した。

02 福島県郡山市・T邸ではリビングから階段横の吹き抜けを通り、2階の天井まで届く大黒柱にアカマツを使用。冬は飾りをつけてクリスマスツリーにするなど、家族をつなぐ役目も果たしている。

03 福島県郡山市・S邸では家の全面にせり出した庇を支える柱に二股のアカマツを使用。特徴的なフォルムで、S邸だけではなく、回りの地域からもシンボルツリーとして親しまれている。

02

03

01

梁に使う

01 茨城県那珂市・K邸のリビングの上部の吹き抜けでは、縦横アカマツの梁を走らせた。重量感のある丸太を空中に浮かせることで、心地良い浮遊感を演出している・

02 福島県郡山市・S邸ではダイニング上の大梁にアカマツを使用。外部のシンボルツリーや、室内の大黒柱との連続性を持たせ、建物全体に通底するリズムをつくりだしている。

03 茨城県ひたちなか市・K邸の梁はゆるやかな弧を描いたアカマツを使用。平屋の家であるが天井の高い空間と太い梁が骨太な印象を与える。

床や家具に使う

01 新潟県長岡市・K邸のリビングには鉄板とベイマツの無垢材を使用した、重厚感のあるテーブルと椅子を配置。

02 茨城県ひたちなか市・H邸ではキッチン回りの棚やテーブル、階段下の収納などを芳賀沼製作で作成。家全体を心地良い木の肌触りで包んだ。

03 東京都練馬区・S邸でリビングに色の淡いサクラのフローリングを敷き詰めた。また、階段や建具も木の雰囲気を活かしたつくりにしている。

一軒の家を建てる

家は、そこに住む人の生活そのもの。とても大切なものだが、
建てるためのコストを考えると、簡単につくり直すことはできないものでもある。
初めての自分の家ともなると、どこから手をつけたらいいのかと考えこんでしまうこともあるだろう。
あるいは、既にご自身の家をお持ちで、お金のことや手続きのことなどは大丈夫、わかっているという人でも、
実際に職人の手によって家が立ち上がっていく過程は気になるのではないだろうか。
なにもなかった土地に、ひとつの新しい家ができあがり、
そこに人が住み始めるまでに起こること。ここでは芳賀沼製作がつくった栃木県那須郡のＳ邸をモデルに、
一軒の家ができるまでを写真と文章で追いかけていく。

那須の別荘地、木立の中のこんもりと盛り上がった土地に、S邸はあります。震災後、心休まる土地を探していたSさんが見つけたこの場所に、安心して住める家を建てること。それが芳賀沼製作の仕事でした。
Sさんが持っているさまざまな希望を、ひとつのプランに落としこみ、実際の建物に反映させていく打ち合わせを重ねていきました。
基礎工事がスタートしたのが、本格的な冬に向け冷え込みが厳しくなってきた12月。
天気をうかがいながら、一軒の家が少しずつ形を成していきます。
そして、雪もすっかり消えた3月30日、S邸は完成し、引渡しを迎えました。

S邸ができるまでの流れ

打ち合わせから完成まで約6ヵ月。その半分は打ち合わせの期間だ。

→ 工事 P080

9月

■ 9月18日
第1回打ち合わせ
平面プランの提案
要望のヒアリング

10月

■ 10月21日
第2回打ち合わせ
平面プランの提案
要望工事予算の確認

■ 10月29日
第3回打ち合わせ
平面プランの絞込み
要望の確認

11月

■ 11月6日
基礎工事
土地を計測する

■ 11月6日
第4回打ち合わせ
建物位置の確認
工程の確認
各仕様についての打ち合わせ
金額の打ち合わせ

→ 打ち合わせ 設計

プランを提案する際には模型を作成し、イメージの共有を図る。

下写真左から、土台を敷き終わったところ（1月12日）、屋根がかかったところ（1月17日）、サッシが入ったところ（1月26日）、外壁を張り終わったところ（2月14日）。徐々に住宅の姿が見えてくるのがわかる。右は完成したS邸（3月24日）。リビング南側の大きな開口部は南に向かって出っ張った形状で、周囲の林との一体感を強めている。

■ 11月12日
第5回打ち合わせ
各仕様（素材・色）についてのヒアリング・打ち合わせ
金額打ち合わせ

■ 11月20日
第6回打ち合わせ
工事契約

■ 11月29日
第7回打ち合わせ
各仕様（素材・色）と電気機械設備についてのヒアリング・打ち合わせ

12

■ 12月4日
基礎工事
伐採する

■ 12月5日～13日
基礎工事
根切り
地業

■ 12月10日
第8回打ち合わせ
要望の確認
展開図打ち合わせ

■ 12月14日～25日
基礎工事
配筋・コンクリート工事

■ 12月20日
木材の加工
墨付け

■ 12月27日
木材の加工
キザミ加工

→ 木材の加工

設計のポイント

文｜設計士 白鳥悠紀子

白鳥悠紀子
一級建築士。1980年山形県鶴岡市生まれ。2004年秋田県立大学システム科学技術学部建築環境システム学科卒業。

ご夫妻とお子さんの3人家族のS様。山登りが趣味のご主人と、自然に恵まれた環境で行なうヨガにこだわりを持つ奥様が選んだ場所が、那須にあるナラの木立に囲まれた閑静なこの場所でした。

2011年3月11日に福島県郡山市の自宅マンションで被災された経験から、マンションではなく一戸建てへというこだわりを持っていたS様との家づくりは、要望が書かれた2枚のメモ書きから始まりました。初めての打ち合わせでS様から見せていただいた「那須の家」という切り抜きファイルも印象的で、様々な部分ではっきりとしたイメージを持っていらっしゃるのだなと感じたのを覚えています。

たくさんの木々に囲まれた土地で、自然を随所で感じながら住まうということを軸に、S様の持つイメージを組み込む打ち合わせを重ねました。

平面の打ち合わせでは初期に3案ほど提案し、方針がほぼ決まってからさらに何度か検討を重ねました。中でもリビングについては、地震に強く、家族の動線が整理された、周りの自然を常に感じられる部屋を目指し、重点的に検討を行ないました。ヨガのインストラクターでもある奥様が、将来的に教室を開けるよう、可能な限り広いスペースも確保しています。開け放った窓から吹き込む風と、木漏れ日を感じながらヨガをする姿を想像しながらの打ち合わせが、内部の天井の高さにも活かされました。結果としてそれが軒高を低く押さえた、木立の中にとけ込んでたたずむ外観につながっています。

住宅設備や内装等については「未完成な質のいい家」を合い言葉に、予算との擦り合わせを行ないながら決定していきました。外装や内装の色決めには多くの時間を割き、施工直前まで検討を続けた部分もありましたが、納得のいく選択をして頂けたかと思います。これから長い歳月をかけてS様自身の手によって「那須の家」が理想の家に近づいていくことを願っています。

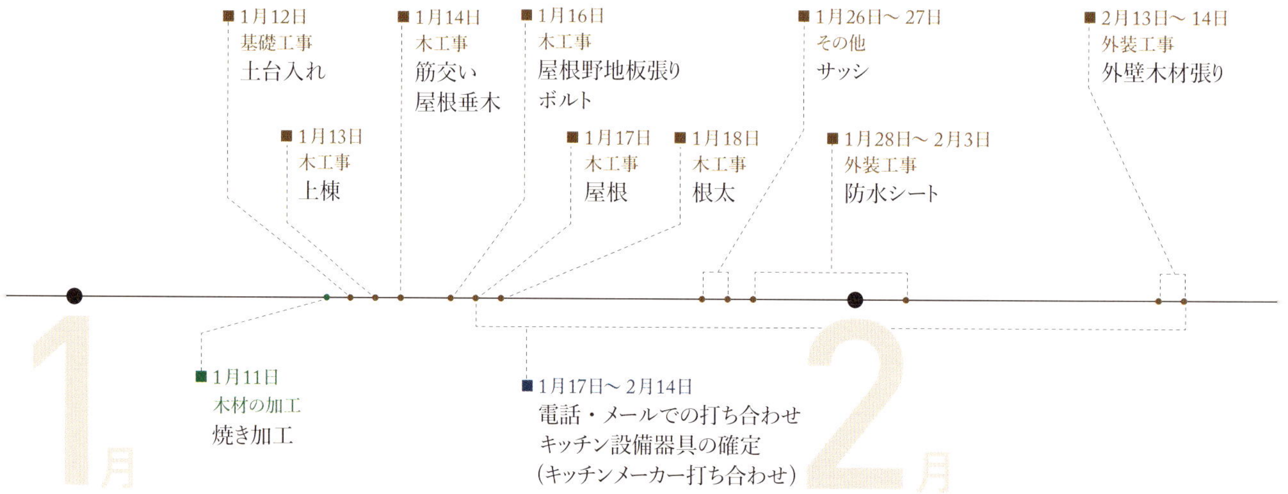

趣味を楽しみながら住まう

山登りが趣味の夫と、ヨガインストラクターの妻。何気ない日常生活の動線はもちろん、趣味の動線も併せて考えた計画となっている。勝手口からの出入りをメインとし、生活のパターンをスタディしながら、夫も妻も趣味を楽しみながら生活を満喫できるプランニングとした。

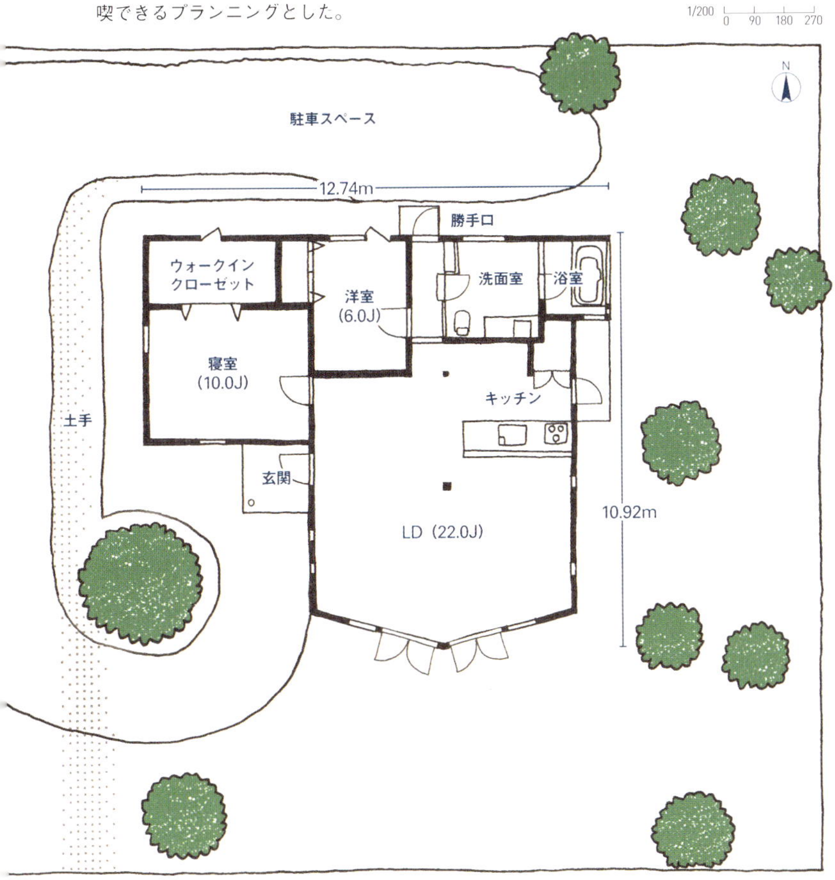

所在｜栃木県那須郡
家族構成｜夫婦・子
構造｜在来工法
規模｜地上1階
敷地面積｜506㎡
建築面積｜108.33㎡
延べ床面積｜102.96㎡
設計｜芳賀沼製作（白鳥悠紀子）
完成｜2012年3月
標準工事費｜2,240万円
物件によって異なる地域・条件などで金額が変わってくるため、あくまで目安となるものです

自然を楽しむ家

屋内でも屋外でも、自然との一体感を味わうことができる家づくりをめざし、軒や棟の高さのスタディを重ねた。軒先のラインを連続して見せ、高さを調整する事で自然の中にとけ込む様にたたずむ外観と、木立の中にいる様な感覚を味わうことができる屋内空間となっている。

地形を活かした配置計画

ゆるやかな坂道を上った先に敷地がある。土地は西側の道路よりさらに1m程高い位置にあり、木立の中にたたずむ建物は少し離れた位置からもきれいに見える。道路と敷地との高低差と元々その場所にあったブナの木を活かし、玄関に続くアプローチを演出している。

■2月20日～22日
外装工事
断熱材

■2月24日～3月1日
内装工事
内壁

■3月7日～3月8日
内装工事
左官
玄関扉

■3月15日～3月17日
内装工事
浴室・トイレ
キッチン
タイル
その他
電気工事
外壁工事
外壁塗装

■3月24日
最終確認

■3月30日
引渡し

■2月25日
第9回打ち合わせ
内装打ち合わせ
要望の確認
追加項目・
金額（概算）の確認

■3月12日
第10回打ち合わせ
照明打ち合わせ
外壁塗装色の決定

家の基礎をつくる

土地を計測する

基礎工事▶ 2011.12.5
まずは実際の土地に入り、これから建てる家のかたちに紐を張り、建物の配置や大きさを確認する。赤い印がついているのは、伐採が必要な木。

木を伐採し、地業をする

基礎工事▶ 2011.12.5-12.13
目印をつけた木を伐採し、搬出。その後、ショベルカーを使って土地を掘り返してから突き固め、平らに慣らす（地業）。突き固めが終わったら、再び建物のかたちに紐を張る。

土台を入れる

基礎工事▶ 2012.1.12

鉄筋コンクリートの基礎の上に、焼き加工をした土台を敷く。アンカーボルトで締め上げれば土台工事は終了。

棟木を上げる

棟上げ

基礎工事▶ 2012.1.13

土台の上に柱を立て、梁を通していく作業を一日で行なう。全工程の中で一番劇的に変わっていく部分だ。屋根の一番上の長い木材を棟木といい、これを取り付けることを棟上げという。

筋交いを入れる

基礎工事▶2012.1.14

棟上げが終わったら、「下げ振り」と呼ばれる垂直を見る道具を一本一本の柱に結いつけ、すべての柱を完全な垂直に調整していく。ひとつの面が垂直になったら、斜めの筋交いを固定。ここですべての狂いを直すことで、その後の作業がスムーズになる。

屋根をかける

屋根垂木

外装工事▶2012.1.14-1.15

棟木から軒桁の間に渡す斜めの木材を「垂木」という。接合部分は実際に組み上げた現物に合わせてつくる必要があるため、職人がその場で鋸やノミを使って加工していく。

屋根をかける

木工事▶2012.1.16

垂木が渡ったら、「野地板」と呼ばれる木の板を張り、その上に屋根の素材を設置していく。S邸ではガルバリウム鋼板を使用している。

ボルトで固定する

木工事▶2012.1.16

木の構造体の各所をボルトや合板で補強をし、耐震性を高める。写真は基礎と柱をつなぐ「ホールダウン金物」と呼ばれるもの。筋交い部分や梁の接合部などは金物で補強していく。

床をつくり、窓を入れる

床下地を組む

木工事▶ 2012.1.18

「大引（おおびき）」、「根太（ねだ）」と呼ばれる床下地材を組み上げていく。そこに床断熱材を入れ、気密シートを貼り、フローリングを張るための下地をつくる。

サッシを入れる

その他▶ 2012.1.26-1.27

現場に搬入されたサッシを設置。サッシ枠の最終調整は、一度サッシを仮置きして印をつけてから、現物に合わせて大工がその場で行なっていく。

外壁を仕上げる

防水シートを張る

外装工事▶ 2012.1.28-2.3
外壁内の結露を防ぐため、防水シートを全面に張っていく。

外壁木材を張る

外装工事▶ 2012.2.13-2.14
防水シートの設置が終わったら、いよいよ外壁の木材張り。S邸ではパイン材を使用。

断熱材を入れる

外装工事▶ 2012.2.20-2.22
屋根の内側に断熱材を貼り込む。壁の内側には、厚み10cmのグラスウールを敷き詰める。

外壁を塗る

外装工事▶2012.3.15-16

外壁の色は、家全体の印象を左右する重要な部分。パイン材を使った色見本を数パターンつくり、最終的にグレーで決定した。

職人の手業による内装

タイルを張る

内装工事▶ 2012.3.16
勝手口はコンクリートに石のタイル張り。軟らかい状態のコンクリートに、ランダムに割ったタイルをバランスよく張り付けていく。

コテで塗り上げる

内装工事▶2012.3.15-3.17
内壁は白のジョリパット塗り。左官職人がコテを使って丁寧に塗り上げていく。

浴室を仕上げる

内装工事▶2012.3.15-.3.16
下地の上にタイル用の接着剤を塗り、白色のタイルを張る。クシ目ゴテを用いて均一にクシ目をつけて密着性を高めた後、仕上材の白タイルをガンで押し付けていく。

自分たちに合わせて育てていく家

以前は福島県郡山市のマンションの9階に住んでいましたが、震災で大きな揺れにみまわれ、とても怖い思いをしました。その後もしばらくのあいだは郡山に住み続けたのですが、震度2程度の揺れでも震災当時の恐怖がよみがえってきてしまい、精神的に休まることができないため、急遽土地を探して、引越しを決めたんです。

普通だと家を建てる建築会社の方が確認をしてから最終決定にするのですが、居ても立っても居られずに、短期間で決めてしまいました。土地勘もないし、初めての不動産屋さんだったし、今考えると、ちょっと危なかったですね（笑）。

土地は、とにかく地べたに住める場所を探しました。主人の職場からはちょっと離れていますが、ゆったりできる場所で、緑に囲まれている環境が気に入りました。

今回平屋にしたのも地震の影響で、主人はとにかく地に足がついたところが良くて、2階ですら駄目。私は2階くらいならいいんじゃないかと思いましたけど、そこは譲って、あとは全部私が決

引渡し

完成▶2012.3.30

施工開始からまる3カ月。南向きのリビングは大きな開口部を設け、緑の中での暮らしを目に見えて体感できるようにした。また東西両方の壁面にも縦に長い窓を開け、外部からの視線を操作しつつ、どの時間帯でも太陽の光を採り込めるようにしている。

めていきました。
家のイメージは雑誌などを見ながら気に入った要素を書きだしていって、「那須の家」というファイルにまとめてお伝えしました。その中からいくつか実現すればいいと考えていたのですが、最終的に、びっくりするくらい多くの要素を取り入れていただけたので、とても満足しています。私と芳賀沼製作さんとの会話を聞いていた主人が「俺だったらこんな客絶対いやだ」と言うくらい、言いたいこと全部言わせてもらいました（笑）。
設計士の白鳥さんはとても真面目な方で、女性だということもあり、とても細かいところまで私の身になって聞いていただきました。
一番気に入っているのはお風呂ですね。こちら

左頁：玄関扉の内側は、落ち着いた青いステンドグラスが鮮やかに見える。
右頁左：対面型のキッチン。パントリーを設け、食品庫として利用。建具はオーダーメイド。
右頁右上段：玄関の柱は鮮やかな赤。明るく元気の出る色で、落ち着いた外装の中のアクセントになっている。
右頁右中段：リビングの脇にある寝室兼、妻が開催するヨガの教室のスペース。ウォークインクローゼットで収納を確保。
右頁右下段：床は無垢のパイン材。毎日触れる部分なので、肌触りの良い材質を選んだ。

からは、足を投げ出して浸かることのできる洋バスを希望したのですが、浴室全体が少し外にせり出したかたちでつくっていただいて、森の中でお風呂に入っているような気分です。芳賀沼製作の専務さんのアイデアで壁のタイルに埋め込んだライトも、幻想的な雰囲気を増して最高ですね。

家を建てるための打ち合わせを通じて私が言っ

たのは、「未完成でもいいから質のいい家」ということでした。それは、最初から完璧につくり上げなくてもいいので、できているところは質のいいかたちでつくっていただくということです。細かい部分は、住んでいく中で自分たちの使い勝手が出てくると思うので、そのたびにお願いしてつくってもらいたい。そういうわがままも聞いていただきました。これから少しずつ自分たち風につくりあげていく余地がある、長く住むのが楽しみな家だなと思います。（談：妻）

左頁：浴槽は浅く、足を伸ばして入る洋バスタイプ。側面と前面に大きな窓があるため、緑の中に浮いているような感覚になる。窓の上部にはタイルライトを埋め込んだ。
右頁左：洗面台は芳賀沼製作の職人によるもの。ボウル部分は妻が選んだ。
右頁右：洗面室と浴室の境は透明な扉にしたため、家のどこにいても窓の外の緑が目に入ってくる。

妻が考える「つくりたい家」についての資料をまとめたファイルは、いまもリビングの書棚に収まっている。箇条書きのリストから雑誌の切り抜きまで、さまざまなものを詰め込んだ。

column 03

間取りのコツ

間取りの設計は、具体的に目に見えにくい部分ではあるが、家づくりをする上で最も大切なことのひとつである。もちろん個別の事例によって最適なプランニングは変わってくるが、芳賀沼製作が大切にしていることは非常にシンプルだ。ここではその特徴を紹介する。

01

太陽の動き、風の流れを見る

まずは敷地を見て、どこから日が入り、風が通るのかを検討する。特に日の光は、南側の採光だけでなく、朝の北東側の光や夕方の西日についても考慮し、食事の時間帯などに合わせてプランニングする。

2階建てのT邸の1階部分。全方向に開口部を設け、どの時間帯でもリビングに光が差し込むように設計されている。

02

部屋を区切らない

子供の成長や、家族構成の変化によって、住み方は変わってくる。限られた大きさの家を小分けにするのではなく、フリースペースとしておくことで、後で家具等で区切ることができる。

03

家族が集まる場所をつくる

家族が一番長くいるリビング・ダイニングを大きく取ることから、芳賀沼の間取りづくりは始まる。

04

徹底的に話し合う

間取りの設計は、要望書を整理し、家を建てる人にとって本当に必要なものを考える。ひとつ実現しようとすると、もう一方が成立しなくなることもあり、予算や、敷地の制限にぶつかることも普通だ。その中で、優先順位を付け、実際にプランに落とし込んでいくのが設計士の仕事である。設計の面では、はりゅうウッドスタジオもサポート。特に密にやり取りを行ないたい場合は独自に設計契約を結び、打ち合わせを重ねる。

はりゅうウッド村に住む

芳賀沼製作の家づくりは、実は地域づくりとともに始まっている。
1980年代のはじめ頃、ログハウスに魅せられた芳賀沼兄弟と、
その仲間たちが、本社のある南会津町針生地域を中心にログハウスを建てていき、
気がついたら村のようになっていたのだ。そこでつけた名前が「はりゅうウッド村」。
リタイアをして都会から移り住んできた人を中心に、いまでは87軒、約100人の住人が暮らす
コミュニティに成長した。移住者が地元の人から土地を借りて家を建てる「借地」の仕組みを活用し、
住民と地主の交流を深めながら、新しい地方のコミュニティをつくる実践の場。
芳賀沼製作ははりゅうウッド村の住人とともに、これからの地方社会・地域社会のあり方を探っている。

はりゅうウッド村のしくみ

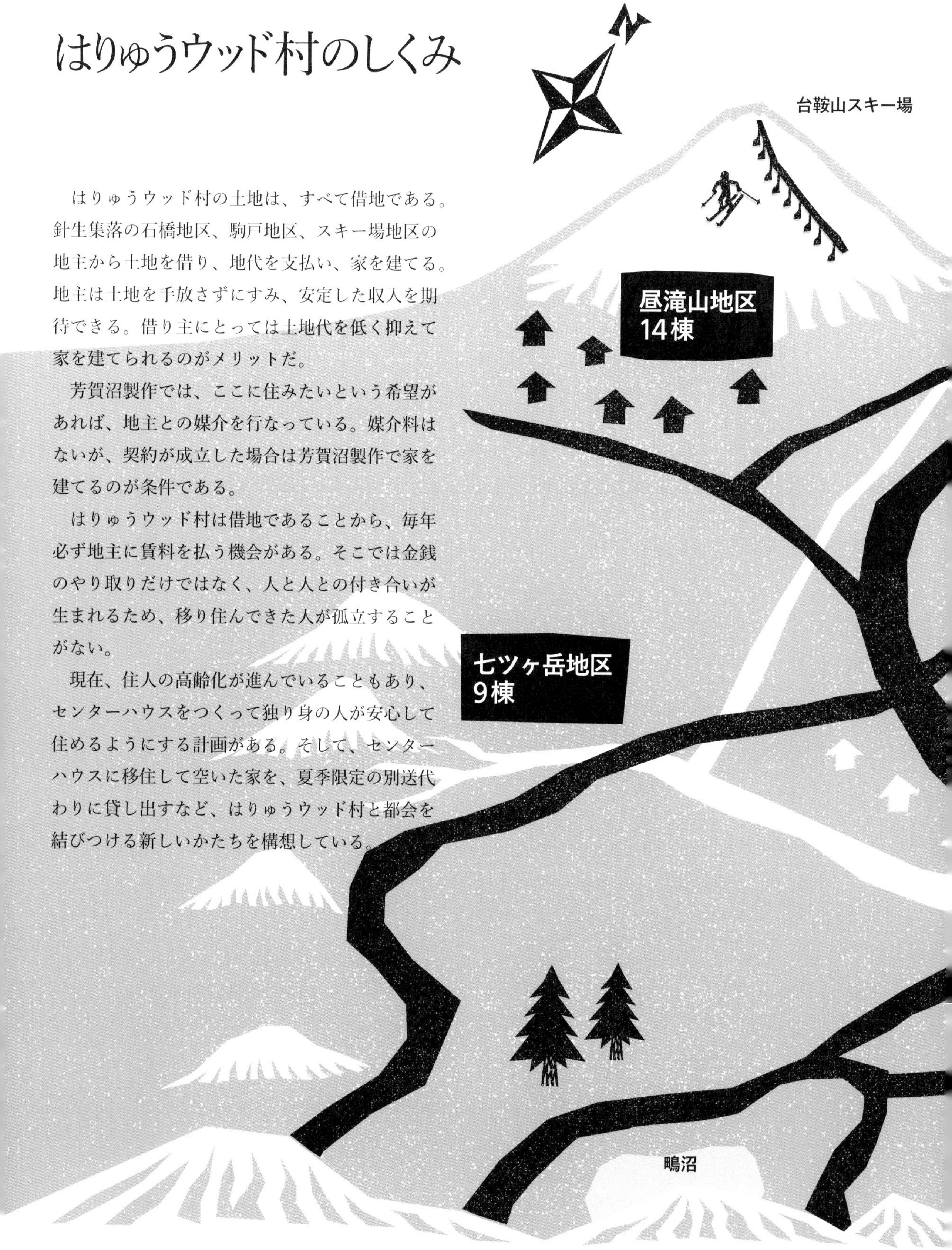

はりゅうウッド村の土地は、すべて借地である。針生集落の石橋地区、駒戸地区、スキー場地区の地主から土地を借り、地代を支払い、家を建てる。地主は土地を手放さずにすみ、安定した収入を期待できる。借り主にとっては土地代を低く抑えて家を建てられるのがメリットだ。

芳賀沼製作では、ここに住みたいという希望があれば、地主との媒介を行なっている。媒介料はないが、契約が成立した場合は芳賀沼製作で家を建てるのが条件である。

はりゅうウッド村は借地であることから、毎年必ず地主に賃料を払う機会がある。そこでは金銭のやり取りだけではなく、人と人との付き合いが生まれるため、移り住んできた人が孤立することがない。

現在、住人の高齢化が進んでいることもあり、センターハウスをつくって独り身の人が安心して住めるようにする計画がある。そして、センターハウスに移住して空いた家を、夏季限定の別送代わりに貸し出すなど、はりゅうウッド村と都会を結びつける新しいかたちを構想している。

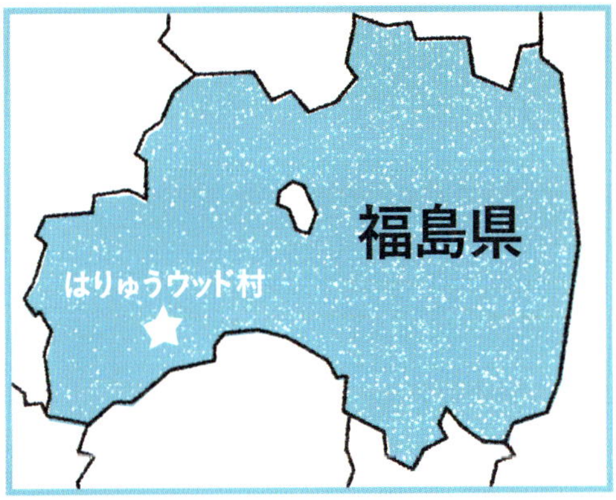

はりゅうウッド村の住人になるには

条件｜芳賀沼製作で家を建てる

地代｜1反（約300坪）あたり、年間10万円。

期限｜50年の定期借地権（50年以上の更新はできない）。

はりゅうウッド村DATA

設立｜1983年10月2日

所在地｜福島県南会津郡南会津町針生地区

面積｜合計約20ヘクタール（針生地区内に点在）

戸数｜87棟

住民数｜100人

アクセス｜会津鉄道・会津田島駅（東武鉄道・浅草駅から直通で約3時間）より車で10分。
東北自動車道・西那須塩原IC、
東北新幹線・那須塩原駅から車で約1時間。

はりゅうウッド村の今と昔

1980年代前半、試行錯誤しながら建てたログハウス。当時は芳賀沼製作で加工した3面カットのログ材を使用することが多かった。

初夏のはりゅうウッド村。遠くから眺めると「緑の海の中に家が浮かんでいるようだ」と住民の方は言う。

住民が語る、はりゅうウッド村の魅力

人と人との
つながりを生む場所

インタビュー●**長原忠義さん**

移住をするための恵まれた環境があった

私たち夫婦がこの場所に家を建てたのは1995年の5月のことです。女房だけが先に引越しをして、私は東京の会社で最後の仕事をしていました。私は翌年の1996年6月末に57歳で退職して、7月からはりゅうウッド村に移動しました。ちょうどそのとき、家族関係と仕事、そして金銭的な面のすべてでタイミングが良かったのです。

まず家族の面でいうと、私の両親も家内の両親も、既に送ってたんです。子供は男の子が2人いたけれど、もう学校を卒業して自分の責任で生きていく歳になっていたから、親がどうこうすることはありませんでした。

仕事の面では、ちょうどそのころ私が勤めていた業界全体に再編の動きがありました。将来の再編に備えて人員を圧縮するために、早期退職制度が始まったのです。私はその旗振り役になったので、全国を飛び回って、説明をして、従業員の約30%に早期退職をしてもらったのです。そういう仕事だから、ストレスも溜まりますよね。それで糖尿病になってしまった。だから上司にお願いをして、リストラの仕事が終わったところで辞めさせてもらったのです。

業績が悪化してのリストラではなかったから、早期退職制度を利用した人には、通常よりプラスアルファの退職金を出していました。そこで退職した人は、そのプラスアルファで借金を返したり、教育費にしたり、家を建てたりしたのですが、私のこの家も、そのプラスアルファで建てたようなものです。金銭的にもタイミングが良かった。家族の状況も仕事もお金も、すべてのタイミングが合ったから、恵まれていると思います。

非常に身軽になりましたから、都会に残っている理由がなくなったわけです。私の女房は絵描きをしていましたから、常々「都会の中で汚れた空気を吸って、まずい水を飲んで生活しなくてもいいじゃない。余生は環境のいいところで、自然や環境について考えながら生活をしたい」という強い希望が出ていました。私自身、その考えが悪いことではないとわかっていましたから、いろいろな条件が揃ったときに、移住を決意したのです。

母屋とは別にあるアトリエで奥様の思い出を語る長原さん。マンダラの作成に使われたアトリエは、現在は作品を展示するギャラリーとして使われている。

田島地区は大きな岩盤の上にある

将来は東京に住むことはないなと考えるようになり、50歳のときに四駆を買いました。その車で、休暇を使って日本各地を回り、環境のいいところを探すようになりました。海に行ってみたり、山に行ってみたり、北海道からだんだんと南の方へ移っていきましたが、結局長野あたりで終わってしまいました（笑）。

そんな頃、朝日新聞の元記者で、その後ご自身もはりゅうウッド村に移り住んだ岡村健さんが書いた記事を読みました。それを見た女房が、芳賀沼製作にコンタクトを取ったところ、すぐに資料が届いたのです。それを女房と読んで検討して、「ここは良さそうだな」と思いました。

いろいろな土地を回って見た中で、針生に惹かれたのは、実際に来てみて環境が良かったこと。それから、もうひとつの要素は地震です。それまで住んでいた横浜は、ずっと関東大震災が来ると言われている場所です。私の女房は、いずれ来るであろう地震をとても怖がっていました。

だから、地震のリスクが少ないところが、土地探しの大きな条件のひとつでした。2011年には大きな地震があったけれど、福島県は地震保険が安いくらい、地震が少ない場所です。その中でも、特にこの田島地区は、大きな岩盤の上に町がある場所なのです。そのために、田島地区では温泉がまったく出ず、田島地区が乗っている岩盤の周りにはいろいろ温泉がある。そういう土地です。実際、東日本大震災でも、田島地区は揺れが少なかった。この丈夫な地盤は、女房がとても安心して気に入った点でした。

地元の人との交流をうながす仕組み

私自身がこの土地に決めた理由は、はりゅうウッド村の土地は、買うのではなく、借地であることです。土地を借りるということは、地主さんがいるということで、必然的に地主さんと話さなければいけないし、その話の延長上で、周りに住む人とも話す必要が出てくる。そうすると、いわ

ゆる「別荘族」ではなくなるわけです。私も女房も別荘族にはなりたくないと思っていたので、地元の人とコミュニケーションしやすい仕組みになっていたのが、私が最終的に決めた大きな理由です。

結果として、その選択は正解でした。土地の貸し借りをきっかけに地元の人たちとコミュニケーションができるようになりましたし、芳賀沼製作の専務は地域おこしの活動もやっていて、私も誘われて引っ張り込まれました。そのおかげで、こちらに引越しをしてきてから、比較的早めに地元に馴染むことができたと思います。

地域おこしの活動は、グリーンストッククラブというもので、私自身は村おこしのような高邁なことは考えていなかったのですが、専務たちがやっているところを見ていたら、「これはちょっとお手伝いしなきゃなあ」と居ても立ってもいられなくなってしまったのです（笑）。

芸は身を助くと言いますが、私には芸がふたつあります。ひとつはゴルフ。ここに来るまでもゴルフで人間関係を広げてきましたし、針生に来てからも地元のゴルフ同好会に入って付き合いの幅が広がりました。

もうひとつは、私が会社でやっていた経理です。最後はリストラの仕事をしていましたが、それまではずっと経理で飯を食ってきたので、帳簿付けはお手の物です。

グリーンストッククラブには経理ができる人がいなかったので、専務たちにとってみたら「待ってました」というものでしょう（笑）。その後もあちこちで声がかかって、いま3つの帳簿を管理しています。

芸を持っているかどうかで、移住した地区にソフト・ランディングできるかどうかが左右されると思います。これは移住をする人にとっては重要な問題で、女性はコミュニケーションが上手いから大丈夫だけれど、男の人は駄目な人が多い。女房も、私がこんなに上手く地元に同化するとは思ってなかったと驚いていました。

はりゅうウッド村では、住民が集まるバーベキューパーティなども開催し、親睦を深めている。

アトリエは、風通しと日当たりを考え、壁の上下に開口部を設けている。

地域に人を呼び、仕事をつくる

朝日新聞の記事が出てからは、私たちと同じようにリタイアをしてくる人が増えたそうですが、他にも、はりゅうウッド村で仕事を見つけて暮らしたいという人がいて、ログハウスでペンションをやっていたりします。グリーンストッククラブの活動でやっているのは、とにかくはりゅうウッド村のある南会津地域に職をつくって、地域を活性化させようということです。

まだ実際に職をつくるところまではできていないけれど、「グリーン・ツーリズム」をひとつのキーとして、都会の人と山村の人の交流をつくり、人の流れをつくってきました。職づくりは、その延長にあると考えています。

グリーン・ツーリズムの実践のかたちは、ひとつは自転車。もうひとつは、筑波大学の中にある「南会津研究会」というグループとのタイアップです。筑波大学の先生方と協力して、自然を活用した野外教育活動を行なっています。

自転車を使った活動のひとつは「時空の路ヒルクライムin会津」という事業です。福島の地方紙である民友新聞社が中心になり、その委員会にグリーンストッククラブも入っているのです。言わずもがな、私はそこで会計担当委員をやっています（笑）。

他にも、浅草から直通の特別列車をつくって、100人前後の自転車乗りに田島まで来てもらい、1泊して山の中を走る「トレイン&バイク」というツアーを組んでいます。

筑波大学との連携では、「山村大学」という課外授業をやったり、大学の演習林として使ってもらう計画を進めています。演習林になれば先生たちも来やすくなり、先生たちの力で子供たちも呼べるようになるのです。

ここでも借地であることが効いてきていて、借地だと資産運用の対象にはなり得ないので、とにかく土地の値段を上げてお金にしようという人は、やってきません。この場所がいいと思った人、ここにある人間関係がいいと思った人ばかり集まっていますから、みなが同じベクトルを向いて協力しあっていくことができていると思います。

長原邸の母屋とアトリエ。母屋のベランダの手すりの模様には、亡くなった奥さんが好きだった亀のモチーフが見える。

生き方は変わらないが、感性が豊かになる

私はこの土地に移り住んできて、考え方は変わっていないけれど、感性は良くなってきていると思います。春夏秋冬の季節がきれいに分かれているし、春になると毎日のように緑が変わっていくのがわかります。都会にいると、どの木の芽吹きが早くて、どの木が遅いということは考えもしなかったけれど、ここに来たら的確に見えるようになりました。そういった感性は、良くなっていると思います。

雪は当然のこととして、大変です。除雪ができないと生活はできません。大きなところは芳賀沼さんのローダーが除雪してくれるけれど、家の近くの細かいところは人間がやらないといけません。これは歳とともにきつくなってくることで、以前は自分で屋根に上ってやっていましたが、今は人にお願いしています。そういった金銭的な負担は大きいですし、車のタイヤも、毎シーズン、スタッドレスを変える必要があります。

それから、言葉はいまだに難しいです。地元のおじいちゃんおばあちゃんが話している言葉は、側で聴いていても半分わかるかどうか。でもここではそういう文化なのだから、それも楽しみにしてコミュニケーションしています。

やはり、せっかく針生に来たのだから、地元の人と交流しないともったいないです。ただここに来て住んで、地代を払って生活するだけではもったいない。東京の人と話をすると「南会津ってどうやって行くの?」と言われることも多いけれど、実は浅草から電車一本で来れるところにある。たとえば自転車をきっかけにこの場所に来てくれた人が、いい空気の中で自転車を走らせて、温泉につかって、言葉はわからないかもしれないけれど、地元の人とコミュニケーションをとってくれたら、こんなにうれしいことはないですね。

夏になって国道からはりゅうウッド村のほうを見ると、緑の中に家の屋根がぽこっぽこっと見えるのです。まるで緑の海の中に船が浮かんでいるようなイメージで、非常にきれいですね。そういった自然の中での暮らしを、これからも大切にしていきたいと思っています。

夏のアトリエの様子。冬は深く雪が積もるが、夏季は過ごしやすく、避暑にも適した気温になる。

芳賀沼製作を語る

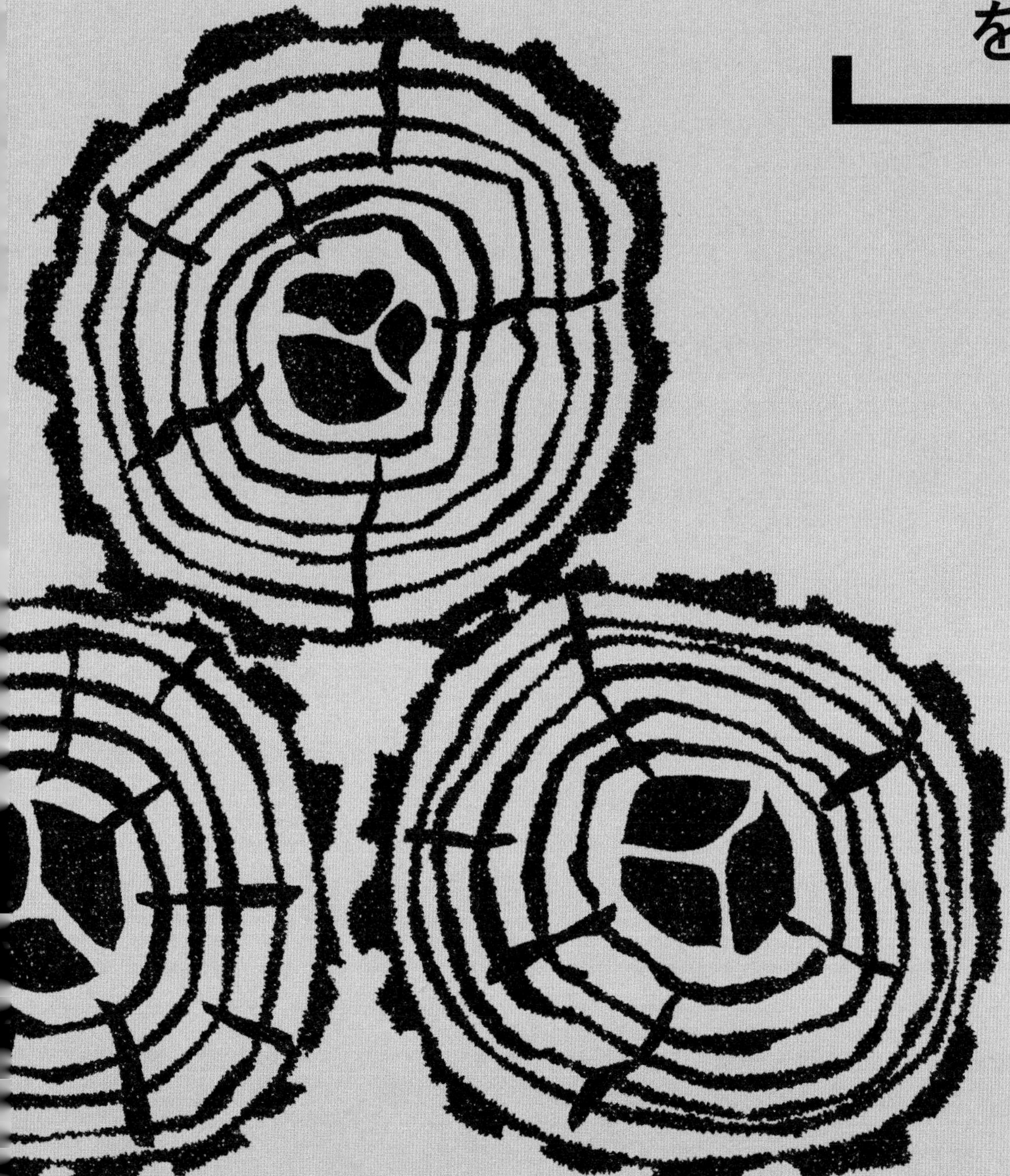

曽祖母の代から会津の土地で木材に関わる家業を営んできた芳賀沼製作。
木の家をつくり、依頼主との関係を続ける中で、その考え方にも大きな変化があった。
ここでは、製材業から建築業へ、そしてログハウスから在来工法へと
軸足を移してきた芳賀沼製作の歴史を、芳賀沼製作専務で、
芳賀沼家の次男でもある芳賀沼伸氏とともに振り返る。

JØTUL

プロフィール●芳賀沼伸《はがぬましん》
1956年3月生まれ。
株式会社芳賀沼製作専務。
NPO法人南会津グリーンストッククラブ会長。

芳賀沼伸インタビュー
お客さんにとって、「自分たちの家」とは何か?

ログハウスの元祖をつくった時代

僕の曽祖母の時代に、会津若松に漆の木地を納めていたというのが、芳賀沼が木に携わった始まりです。それを2代続け、親父の代になってから芳賀沼木材店を興し、主にパルプ材の搬出・建材販売を手掛けました。1965年に今の会社の前身である製材・建築業をスタートしたのが会社の始まりです。

ログハウスをつくるきっかけは、炭焼きをするための丸太でつくった出小屋でした。それを親父が見て、丸太は面白いといって、1975年に自動販売機が4、5台入る小屋をログでつくったのが、芳賀沼が最初につくったログハウスです。それはピース&ピース工法といって、柱を立てて、その間に丸太を積んで壁にする工法で、実際につくってみると木肌の感触が面白かったので、普通の住宅にも取り入れようとなりました。

その頃、兄はすでに家業を手伝っていたのですが、僕は大学を辞めて、3〜4カ月北アメリカを旅行しました。その途中、カナダのバンクーバーで泊まったログハウスの寝心地が最高で、「これはいいじゃない!」と思ったのです。すぐにログの本を買い漁って日本に送って、兄に輸入を勧めたところ、兄が「こんなの、輸入しなくたってうちでできっぺ」と言い出したので、じゃあひとつつくってみるかと、僕らなりのログハウスをつくったのが、最初の横積みのログハウスでした。それが1981年の話です。

そのうち東京の遊び仲間が会津に遊び場を移してきて、針生の土地でそれぞれのログをつくりはじめました。1983年の冬には、自分たちでつくったログハウスがもう4、5棟になっていました。そのログハウスが当時の雑誌『Outdoor』に掲載されました。当時はものすごい反響がありまして、アウトドアブームで、『Outdoor』誌で「夢の丸太小屋に暮らす」という特集が組まれるなど、日本におけるログハウスの始まりとして、注目された時期がありました。そのようなログハウスの集落を「はりゅうウッド村」と名付けて、地元の人々と都会から移り住む人々とのつながりが始まりました。

2001年、つくば市下平塚に開設した
エコつくば営業所。

『Outdoor』（1984年冬号）「はりゅうウッド村」設立式のレポートや、芳賀沼製作が最初期に建てたログハウスの紹介が掲載され、反響を呼んだ。

「日経産業新聞」（1987年6月17日）。会津鉄道の七ヶ岳登山口、中荒井、会津長野、養鱒公園の4つの駅をログハウスに建て替えた。

当時日本でつくられていたログハウスは、加工された木を輸入してつくるもの（マシンカット）ばかりで、国内の原木を使って加工から組み立てまで手がけていたのは僕たちだけだったと思います。ログハウスの工法ではもうつくるものがないくらい、いろいろな工法のログハウスをつくりました。

そのうち、他社でもログハウスがつくられるようになります。ログハウスは、建築の構造的には、丸太を積み重ねるという単純なものであり、他社と違うログハウスの魅力を考えたときに、まずは丸太をどんどん太くしていきました。当時、世界でも直径300mmの丸太を削れるマシンはなくて、太くても240mm。そこで社長を中心に北海道の工場と共同開発して、300mmを削れるマシンを製作したんです。最初はモーターが焼けて動かなくて、木が真っ黒になってしまったり、何度も試行錯誤を重ねてようやく完成させました。

丸太の太さだけでなく、長さも他にはないものを目指しました。材木のサイズは今も昔も同じ、6尺（1.8m）と、12尺（3.6m）が基準になっていますが、僕たちはそれより長い木材を使いたいと考えていました。当時の在来工法では、長い材料でも通し柱で6mもので、6mでも「特殊材」と言われていたのですが、僕たちはさらに長い12mの木材を使うようになりました。ログハウスでは部屋が大きいとその分長い材料が必要なためです。うちの製材工場は9mの木しか入らない規模だったので、工場の壁も壊したこともありました。また、僕たちがあまりにも長い材をよく使うために、国産では供給が間に合わなくなって値上げを迫られてしまい、材料のすべてを外国材に切り替えた時代もありました。

ログハウスというものと、木造の在来工法というものは、まったくちがう世界でしたが、木の空間に囲まれた気持ちの良い家の魅力を、できるだけ多くの人に伝えたいと考えた時代でした。

ポスト＆ビーム、木の家の時代

ログハウスの建築を追求する一方で、先にも述べたように丸太積みのログハウスは構造が単純であり、加工機械を導入さえすれば、ログ材を大量に提供できるようになってきました。そのため資金力や規模の大きい企業が参入してくれば、かなわないだろうとも感じていました。また、当時のログハウスの流れは、変木を使ったり、彫刻をしたりといった趣味的な方向に進みはじめていましたが、私たちは奇をてらったようなログハウスではなく、多くの人に受け入れられるシンプルな木の空間をつくりたいという気持ちに動き始めていました。

それからは、ログの空間の雰囲気を活かしながら、日本の住宅建築で伝統的に用いられてきた在来工法と、大工の腕を取り入れた住宅建築の方向に進み始めました。「ログ」というジャンルを出て、「木の家」としての芳賀沼製作がつくる家を位置付けたのです。

まずは、1988年に初めてのポスト＆ビーム工法（柱＝ポストと梁＝ビームに丸太を使った在来工法の家）の家を喜多方・熱塩加納村でつくりました。丸太を軸組のように組む工法で、丸太の構造美とプランニングの自由度の高い工法です。横積みのログハウスからの新しい流れができてきました。

熱塩加納村の物件は弟（芳賀沼整）の設計です。整は、1988年に設計事務所である「はりゅうウッドスタジオ」を開設しました。以来、はりゅうウッドスタジオも所員が8人となり、設計・はりゅうウッドスタジオ、施工・芳賀沼製作のチームワークでいくつかの建築の賞ももらっています。

特に、会津田島駅の前にある蕎麦屋「柏屋」（はりゅうウッドスタジオ設計）で、2004年の福島県建築文化賞の準賞の受賞は嬉しかったですね。柏屋は丸太を使わない在来工法でつくった木の家でした。大きな公共建築物が受賞することが多い中で、個人の施主による店舗兼住宅のそば屋さんが、建築的に意義がある物として認めていただけまし

芳賀沼製作年表

- 1954　芳賀沼木材店を開業。
- 1965　製材業と一般建築請負業を始める。
- 1975　ピース&ピース工法で1棟目の丸太小屋をつくる。
- 1978　カナダで丸太組工法に出合う。それがきっかけとなり、ログハウスづくりを模索する。
- 1982　ログハウス建築を針生地区に2棟建てる。針生地区からとって「はりゅうウッド村」の計画が始まる。
- 1983　雑誌『Outdoor』に、この村でのログハウスづくりが特集される。その題は、「夢の丸太小屋に暮らす」。その特集がもとになり、現在の「夢丸（ゆめまる）の愛称で親しまれる雑誌、『夢の丸太小屋に暮らす』となる。雑誌掲載時にははりゅうウッド村は5棟になる。
- 1986　芳賀沼製作から、株式会社芳賀沼製作となる。
- 1987　ログハウスのねじれ・くるいを少なくするため、念願の人工乾燥機とマシンカットの機械をメーカーと共同開発。それに伴い直径15cmから30cmまでのログ材を加工できるようになる。この年に会津鉄道の4つの駅舎をログハウスで建築。

- 1988　ポスト&ビーム工法の店舗兼住宅を福島県熱塩加納村に建築。この頃より木造建築本来の一般軸組工法に自然素材を取り入れた家づくりを始める。
- 1996　「芳賀沼邸」で出版社地球丸主催のログハウス・オブ・イヤー設計賞を受賞。
- 1997　新宿高島屋（タカシマヤタイムズスクエア）でサンタクロースの郵便局をログハウスで建築。その後、株式会社高島屋と木製玩具の取引が始まる。
- 2001　つくば市下平塚にエコつくば営業所を開設。
- 2004　ログハウス協会建築コンテスト優秀賞受賞。「柏屋」で第23回福島県建築文化賞準賞受賞。

「福島民報」（2004年1月1日）。市町村合併や行政改革で地方の暮らしが変わっていく中、都会から地方への移住の一例として、はりゅうウッド村が採り上げられた。

た。

1990年代頃から在来工法でつくる木の家が増えはじめ、2009年頃までは、ポスト＆ビーム工法と在来工法の二本柱の時代が続きました。そこからだんだんとポスト＆ビーム工法の家よりも在来工法の「木の家」の割合が多くなり、現在では全体の建築の7割近くが「木の家」づくりになっています。

ログハウス工法については、2011年の東日本大震災の後、その可能性について改めて考えています。福島県では、約6,000戸の木造仮設住宅の公募があり、芳賀沼製作も県内のログハウスメーカーの中心として、約600戸のログハウス仮設住宅を建設しました。はりゅうウッドスタジオや大学の研究室が設計に入り、全社の共同体制で臨みました。ログハウスは、ログシェルが断熱材・構造材・仕上げ材を兼ねる材料であり、施工が簡易で短工期であること、ログハウスの空間の良さを提供できること、移築・住み替えの容易なことなどが仮設住宅に向いていると考えて、ログハウスの仮設住宅を提案し、採用されました。仮設住宅をきっかけに、ログハウスの特徴を一般の方にも知っていただくことができ、また今後の復興住宅としても、もとの居住地に移築・改築できる家として採用していただけると思います。

1982年の最も初期のログキャビン（上）と、2012年施工の最新のログ物件（下）。

はりゅうウッド村の未来

1980年代に始めた「はりゅうウッド村」もすでに30年が経ちました。ここは都会から田舎に移り住む人たちが集落を形成した場所ですが、いま、地域全体で住み方をもう一度考え、つくり直そうと計画をしています。

現在は87棟が建っていて、20数棟の方が定住していますが、一番上の人は80歳になり、移住された方も60代以上の方が増えてきました。みなさんが抱える問題は、将来のことです。いつまでここに住めるか不安をもっているという声を聞くようになってきました。いま計画しているのは、皆さんが集まって住むことができる集落です。歳を

2012年には、東日本大震災被災者のための木造仮設住宅を紹介する単行本『木造仮設住宅群——3.11からはじまったある建築の記録』（ポット出版）を出版。

とってセンターハウスに移り住んだら、それまで住んでいたログハウスが空くことになるので、その貸し出しの仕組みも考えています。夏休みや冬スキーのマンスリー貸出や、子供が小学生の時だけの期間限定の貸出など、別荘を持つよりも気軽に、自然の豊かな土地で子育てができるのは魅力的ではないでしょうか。「はりゅうウッド村」に移り住んでくれた方々と地元の方、僕たち、みんなが快適に住み続けられる集落のかたちをともにつくっていきたいと考えています。

芳賀沼製作の家とは

俗に「家は3軒つくらないと満足するものができない」と言われますが、いまの時代、ほとんどの方にとって一生のうち3回家をつくることは大変なことです。だから私たちは設計段階からお客様と打ち合わせを重ねることによって、将来、歳をとってきたり、家族が増えたり、子供たちが巣立ったりしたときに間取りを変えることができ、リフォームしやすい家づくりを提案しています。できるだけシンプルなつくりの家です。家はそこに住む人の城ですから、安心して落ち着ける空間でなくてはいけませんし、その時その時の住み方に対応できることも必要だと思っています。

いまは芳賀沼製作の「ふつうの家」をつくりたいですね。「ふつうの家」に考え方が変わってきたのは、家づくりはお客さんと付き合いがずっと切れない仕事だとわかってきたからです。僕たちが20代で建てた家の家主さんと、いまでもお付き合いが続いていて、メンテナンスや増改築の相談だけでなく、子供さんたちの家づくりをまかされたこともあります。「はい、つくりました。どうぞ住んでください。終わり」ではなく、建物はそこに住む人がいる限り手を加える必要があるんです。そう考えると、可変性をもった住みやすい家・長く愛してもらえる家＝「ふつうの家」。これこそ芳賀沼製作の家づくりじゃないかなと考えています。

芳賀沼製作がこれまで何十年と家づくりをやってきて、本当に芳賀沼製作の得意なところは何か

2005　「家業（柏屋）」で第25回東北建築賞受賞（設計:はりゅうウッドスタジオ、施工:芳賀沼製作）

2006　「継承される家」で第3回「真の日本のすまい」経済産業大臣賞受賞。（設計:はりゅうウッドスタジオ、施工:芳賀沼製作）

2007　「大内の御柱物語（下郷町）」で第26回福島県建築文化賞特別部門賞受賞。（設計：はりゅうウッドスタジオ、施工:芳賀沼製作）

2008　「古河市O邸」で第21回ログハウス協会建築コンテストで（財）日本住宅・木材技術センター理事長賞受賞。

2010　「ひたちなか市U邸」で第23回ログハウス協会建築コンテストで一般社団法人日本ログハウス協会長賞受賞。「雪国型広域中山間地　医療施設　あべクリニック（南会津町）」で第29回福島県建築文化賞特別部門賞受賞。（設計:はりゅうウッドスタジオ、施工:芳賀沼製作）

2011　トコナメエプコス社ショールーム施工。3.11東日本大震災後、県内5社が共同体となりログハウス協会東北支部を設立。芳賀沼製作が支部長となり福島県応急仮設住居600棟を請負。日本で初めてのログハウス仮設住居を建築する運びとなる。

2012　東日本大震災における福島県応急仮設住宅建設事業が、公益財団法人日本デザイン振興会主催の2012年グッドデザイン賞ベスト100に選ばれる。

芳賀沼製作を語る　｜　芳賀沼伸インタビュー　お客さんにとって、「自分たちの家」とは何か？

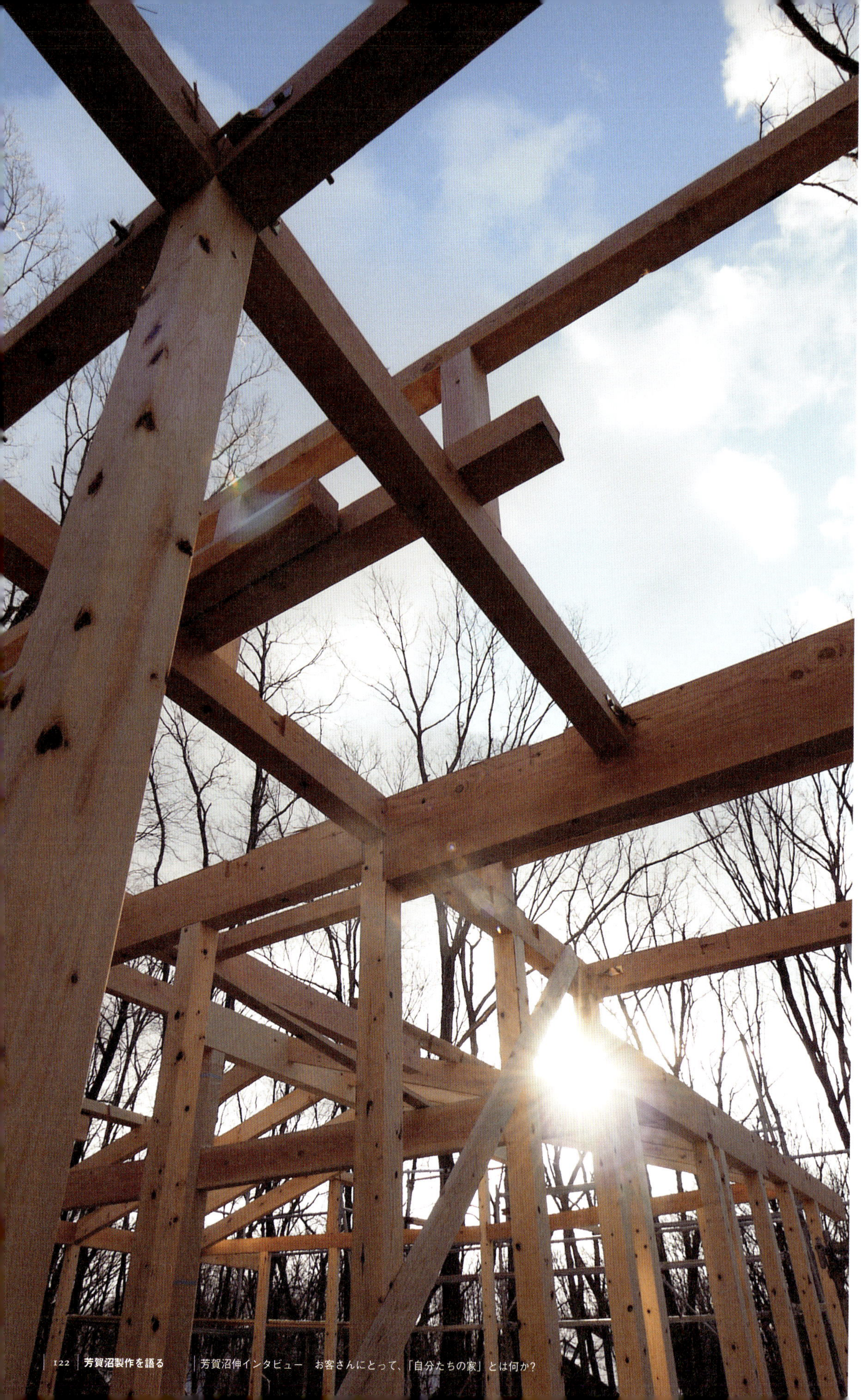

と考えると、家をつくるにあたってトータルのバランスがとれている点だと思います。

木材は、芳賀沼製作は材木屋でもあるので、自然木を始めとして、さまざまな素材を扱うことができます。家づくりのスケジュールに合う方は、冬の木材の伐採にも立ち会っていただけると、家に使われる材料についてもより実感していただけると思います。また大黒柱や梁などの自然木については、自然乾燥しているものが工場に寝かせてあるので、そこからお客様に気に入った木を選んでいただいています。

製材についても、自社で製材工場・乾燥機を持っています。建築会社で製材工場をもっているという会社はそう多くはありません。お客様の先祖の植えた木を山から切り出して、家に使うということも、スムーズに対応することができます。ログハウスの材料や丸柱をつくる円柱加工機はもちろん、さまざまな製材加工ができるため、家づくりでどうしても必要な特殊な材料も自社で対応できるのが強みです。

木工事については、自社にログも伝統的な在来工法もつくることのできる大工職人がいます。工事中、この職人たちの仕事ぶりを見て職人のファンになっていただける建主さんも多いです。なにより芳賀沼製作の家づくりを熟知しており、私たちも職人さんの顔や性格がよくわかっているので、しっかりと連携をとることができます。また設備工事については、その地域の業者さんとネットワークをつくり対応しています。

芳賀沼製作には4人、はりゅうウッドスタジオにも8人の設計士がいます。打ち合わせを重ねることが家づくりの基本と考えていますので設計にはかなりの時間を取ります。とくに配置や間取りについては、お客様の要望をそのままプランにするのではなく、これまでの経験を含めて、いろいろな角度から提案させていただくこともあります。

しかい、良いものをつくってもただ高くなってはいけません。実現したい項目が増えるとコストが上がりますが、芳賀沼製作では設計段階から完成竣工までお客様と本当に必要な項目を話し合い、最後までコストを考えた打ち合わせをするように心がけています。

これらの要素がそろっているために、木造住宅の注文であれば僕たちはかなりのことまでできるし、他メーカーには負けないという自信があります。素材、製材、職人、設計、コスト。このバランスで芳賀沼製作の家ができているのです。

芳賀沼製作の考えるスタンダードな「ふつうの家」。僕たちはお客様に家を快適に長く使いつづけていただくのが理想です。家づくりは出会いでもあり、家を建ててからが、本当のおつきあいの始まりだと考えています。この本でどこまで表現できるのかわからないですが、ひとつひとつの記事に私たちの家づくりの仕方や、実際の空間についての考えを見ていただけるのではないかと思います。こんな家づくりもあるんだと、まずは多くの人に知ってもらえればと本にしました。また自分たちのこれまでの家づくりを見直す機会にもなっています。そういった意味では再出発の本です。

■会社紹介

㈱芳賀沼製作

福島本社・工場

〒967-0026
福島県南会津郡南会津町針生字小坂40-1
Phone 0241-64-2221
FAX 0241-64-2223
http://www.haganuma.co.jp/

つくば営業所（エコつくば）

〒305-0813
茨城県つくば市下平塚834
Phone / FAX 029-859-7773

書名	芳賀沼製作と建てる家
構成・文	ポット出版＋芳賀沼製作（芳賀沼伸、佐々木かおり）
制作協力	はりゅうウッドスタジオ（滑田崇志）
イラスト	塩井浩平
編集	大田洋輔
デザイン	和田悠里
発行	2012年10月31日［第一版第一刷］
希望小売価格	1,900円＋税
発行所	ポット出版
	150-0001 東京都渋谷区神宮前2-33-18#303
	電話 03-3478-1774
	ファックス 03-3402-5558
	ウェブサイト http://www.pot.co.jp/
	電子メールアドレス books@pot.co.jp
	郵便振替口座 00110-7-21168　ポット出版
印刷・製本	シナノ印刷株式会社
	ISBN978-4-7808-0189-7　C0052
	©HAGANUMA SEISAKU

Haganuma Seisaku to Tateru Ie
by Pot Publishing, HAGANUMA SEISAKU
Editor: OTA Yosuke
Designer: WADA Yuri

First published in Tokyo Japan, October 31, 2012
by Pot Pub. Co. Ltd

2-33-18-303 Jingumae, Shibuya-ku
Tokyo 150-0001 JAPAN
Email: books@pot.co.jp
http://www.pot.co.jp/
Postal transfer: 00110-7-21168
ISBN 978-4-7808-0189-7 C0052

書籍DB●刊行情報

1 データ区分——1
2 ISBN——978-4-7808-0189-7
3 分類コード——0052
4 書名——芳賀沼製作と建てる家
5 書名ヨミ——ハガヌマセイサクトタテルイエ
13 著者名1——ポット出版
14 種類1——構成
15 著者名1読み——ポットシュッパン
16 著者名2——芳賀沼製作
17 種類2——構成
18 著者名2読み——ハガヌマセイサク
22 出版年月——201210
23 書店発売日——20121031
24 判型——B5
25 ページ数——128
27 本体価格——1900
33 出版者——ポット出版
39 取引コード——3795

写真クレジット

在来工法

I邸（P12-23※P17上下、P22、P23を除く）
撮影：大森有起

A邸（P24-25）
『住まいの設計　2012年3月号』
（2012年1月21日発行、扶桑社）より
撮影：永野吉宏

N邸（P26-27）
『住まいの設計　2011年9月号』
（2012年7月21日発行、扶桑社）より
撮影：後藤徹雄

T邸（P28-29※P28上部・下写真を除く）
『住まいの設計　2011年9月号』
（2012年9月21日発行、扶桑社）より
撮影：後藤徹雄

S邸（P31上、P31中央下）
『ナチュラル派の家づくり』
（2011年11月7日発行、エフジー武蔵）より

P&B工法

M邸（P34-41）
撮影：大森有起

丸太組工法

Y邸（P44-53※P51を除く）
撮影：大森有起

一軒の家ができるまで

S邸（P74、P77右上、P92、P95-97※P95左、P97右下を除く）
『ナチュラル派の家づくり』
（2012年9月10日発行、エフジー武蔵）より

その他の写真はポット出版＋芳賀沼製作

仕様

本文
コスモエアライト・B判・T・95.5kg（0.164mm）／プロセス4C

表紙
モダンクラフト・菊判・Y・107.5kg／TOYO 10828（こげ茶）

カバー
クラフトペーパーデュプレ・ハトロン判・T・119.5kg／オペーク白＋TOYO10828（こげ茶）＋スリーエイトブラック／マットニス

帯
ミラーコートゴールド・菊判・T・62.5kg／プロセス4C／グロスニス

使用書体
游明朝体M＋caslon pro　游明朝体
游ゴシック体　中ゴシック体BBB
太ゴB101　見出しゴMB31
caslon pro　Univers　DIN　PFrutiger
PVenice
2012-0101-2.0

木造仮設住宅への注目が海外でも高まっていることをうけ、
『木造仮設住宅群──3.11からはじまったある建築の記録』の
英語版小冊子を作成しました。

『木造仮設住宅群──3.11からはじまったある建築の記録』を
ご購入いただいた方には、この小冊子を無料でお送りします。
メール、お電話、FAX、郵送にて、
お名前、郵便番号、ご住所と
『木造仮設住宅群──3.11からはじまったある
建築の記録』英語版小冊子希望の旨、
下記までお知らせください。

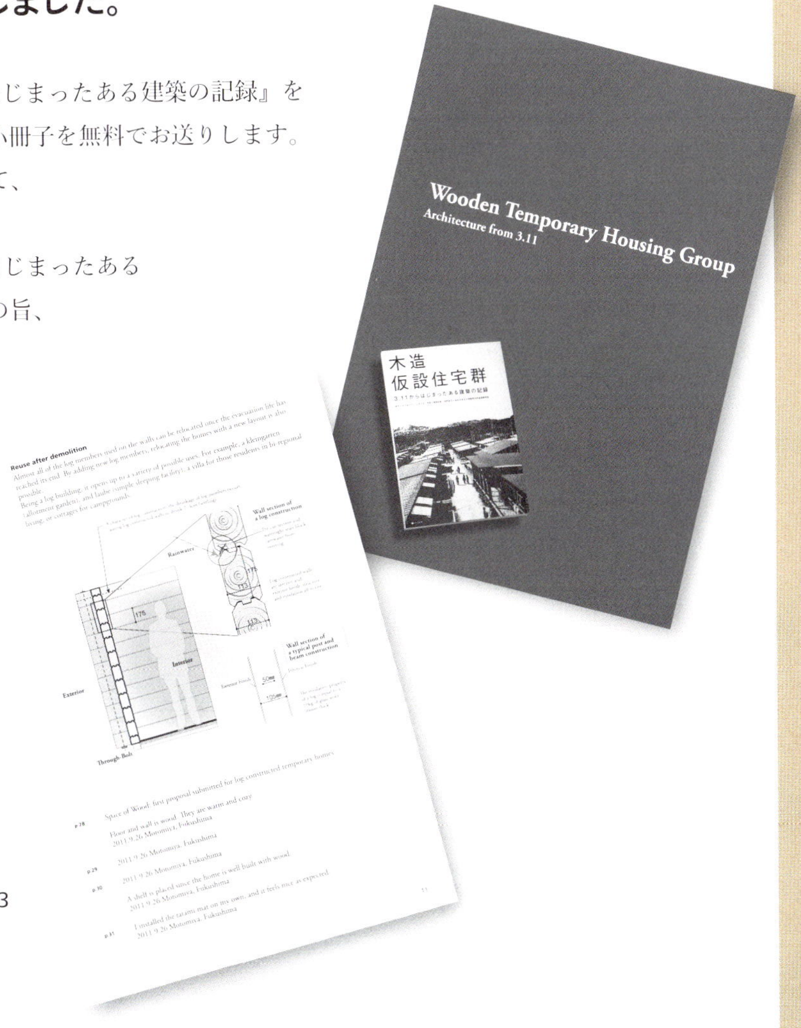

メール｜books@pot.co.jp
電話｜03-3478-1774
FAX｜03-3404-5558
住所｜〒150-0001
東京都渋谷区神宮前2-33-18 #303
ポット出版宛
※在庫がなくなり次第、配布を終了します。
あらかじめご了承ください。

また、小冊子のPDFをポット出版のサイトで公開しています。
無料でダウンロードしていただけます。
ポット出版 http://www.pot.co.jp/news/20120612_115428493929208.html